名师名校名校长

凝聚名师共识
回应名师关怀
打造名师品牌
培育名师群体

程晓波远影

仁者为师

杨永社 / 著

北京燕山出版社
BEIJING YANSHAN PRESS

图书在版编目（CIP）数据

仁者为师 / 杨永社著. — 北京：北京燕山出版社，
2022.7

ISBN 978-7-5402-6527-4

Ⅰ. ①仁… Ⅱ. ①杨… Ⅲ. ①思想政治教育—教学研究—中学 Ⅳ. ①G631

中国版本图书馆CIP数据核字（2022）第078083号

RENZHE WEISHI

仁 者 为 师

著　　者	杨永社
责任编辑	满　懿
出版发行	北京燕山出版社
地　　址	北京市丰台区东铁匠营苇子坑138号C座
电　　话	010-65240430
邮　　编	100079
印　　刷	北京政采印刷服务有限公司
经　　销	新华书店
开　　本	170mm×240mm　16开
字　　数	194千字
印　　张	10.75
版　　次	2022年7月第1版
印　　次	2022年7月第1次印刷
定　　价	68.00元

仁者德也；爱者慈也；师者父也；弟者，子也。

故为人师者，唯以父母慈爱儿女之心爱人，方可行师道于天下，古今之圣王贤师，莫不以仁爱为教之本。

师以爱子之心爱人，弟子自以孝亲之心尊师，父父子子，师师弟弟，父慈子孝，师慈子尊，孝亲尊师，道在其中矣。

自　序

　　人生天地间，犹如白驹过隙，忽忽而已。时间在流淌，一切都在流淌，汗水、泪水和心血。

　　岁月不会停下来，不会停下来等着我们享受和体味。

　　每一分每一秒，汩汩流动着的，既是我们身体里的血液，又是染上我们发梢花白的年轮光华。

　　很多我们以为一辈子都不会忘记的事情，就在那些念念不忘的日子里被我们遗忘了。

　　好在还有片言只语的记录，书写人生的平淡、精彩和辉煌，了却人们很多时候的心愿和念想。世界就是这样，人生不过如此，其中的看法和认识各有各的理。

　　难忘当年的大学时光。1991年大学毕业到现在已30多年了，对大学所学的知识已经没有多少记忆，能想起的只是一些生活中的趣事。感觉自己所用到的有价值的知识几乎都是由自学中得来的。没有贬低大学的意思，或许时间太久、知识更新太快了。

　　真不知道世界上有多少本能够成功立业的人，都因为把难得的时间轻轻放过以致默默无闻。

　　感谢书籍，还有各网络平台。书籍真是个好东西，它是全人类的营养品，生活里没有书籍就好像没有理性，智慧里没有书籍就好像没有底气。读一本自己喜爱的书籍，会忘却生活中的烦恼与不快，会感受到岁月的静美。我们读书不是为了炫耀，也没必要自豪。大部头的书看不完，就用小块头的文章过过瘾。久而久之，心胸玲珑，见识广阔，语言有味，气质高雅，此之谓书卷气也。

仁者为师。尽管整天都是忙忙碌碌，忙教学忙事务，忙学生忙高三（我已经带了18届高三毕业班）。说心里话，我确实很享受自己的教书生涯，此乃为师之幸。与孩子打交道的充实、与课堂打交道的乐趣和与职业打交道的幸福，会有太多的想法和感悟，太多的理解和享受。若从学生的心灵、教学的观念和职业的触角来看，我们了解得越多，经历得越多，感悟也就越多，就越能理解教育的幸福。这是因为，如果我们不能潜入人类灵魂的最深处去感悟生命的神奇，我们就永远找不到教育的真谛，这需要智慧和爱心的诠释。

仁者为师。从遥远大西北的黄土地到南粤莞邑荔香肥沃的红土地，辛苦了这么久，经历了那么多的适应和融入，努力让自己的每一步趋向辉煌，种下爱和善良。到过了神秘的西藏、美丽的新疆，去了法国、奥地利、意大利、西班牙，也去了遥远的兼具欧亚文化特色的土耳其，还有日本、泰国……是这场新冠疫情让我的脚步停了下来，计划去非洲、北美和澳洲，儿子还想带我们去南极。这一切，不仅锻炼了脚力和毅力，还开阔了视野，增长了阅历。我的体会是：人的很多愿望，不是光靠想象就能支撑住的。读万卷书，行万里路，师之道也。教育是一个灵魂唤醒另一个灵魂，教育的唤醒不只是依靠一种外界的力量，更重要的是，师者要有一种自我唤醒的广博见识和人格魅力，我不想停下奔波的脚步。

仁者为师。教师的教育教学是人类集体心灵神秘参与的智慧活动。教育就像一个藏满宝藏的盒子，在这个盒子里，有智慧、理性、意志、品格、美感、直觉等生命的能量。一直以来，基于应试教育的基点，人们对教育都有一个认识上的误区，把教育理解为在严格管理的教室中炼狱般的生活，忽视了对孩子来说更有意义的唤醒教育和自我生命教育。很想带孩子们去体验外边的世界，顺便放飞自己的心愿，即使是一句话的沁香，也会让自己的行程更加幸福。

仁者为师。不得不承认，互联网时代对于人类社会的影响，不亚于"四大发明"对于人类的影响。互联网改变了人类的生活方式，也改变了人类的教育方式和学习方式。泛在教育、人工智能在现代教育中的广泛应用，推动着教育方式和办学模式发生变革。学习的能力是人类最重要的能力之一，也是推动社会发展最重要的动力。社会每天都发生着巨大的变化，尤其是科学技术的革命日新月异，改变了社会的发展方式，也改变了人类的教育方式和学习方式。学习和改变是我们必须的选择，因为学校作为培养学习能力、传递知识的地方，面临着很多现实和挑战。

仁者为师。让有信仰的人讲信仰，这是习近平总书记对思政教师的要求，我们给学生心灵埋下真善美的种子，引导学生扣好人生第一粒扣子。我们要有坚定的理想信念，这不是一句空话，这需要我们用每一天的言行来实践。我们的心里要装着国家和民族，要用高尚的人格感染学生、赢得学生，要用真理的力量感召学生，要以深厚的理论功底赢得学生，自觉做为学为人的表率，做让学生喜爱的人，这是一个思政教师的历史责任。

仁者为师。我始终认为，一个充满慈爱之心和满怀爱意的人是幸福的；一个有大智慧、人格魅力和善良心的人是幸福的；一个快乐工作、用心感悟和善于思考的人是幸福的。

2021年12月20日
书于原广东省东莞市大朗中学
现东莞市第十三高级中学

自
序

3

目　录

初心不忘　幸福工作

父母子女　天地人伦

故事感恩　德育人生

生活浪花　诗意人生

名师效应　仰望星空

初心**不忘**
幸福工作

不忘初心的坚守，拒绝浮躁的淡泊，专心精要的蓄积，超越功利的清高，成就职业的幸福。

幸福是什么

感受·工作·学生应是教师对幸福的理解

最近，观看了一个TED视频，片名是《幸福在于自己的选择》。幸福是人类一个古老而永恒的话题，看完这个视频，我们也许会对"幸福是什么"有些粗线条的认识。

"必须把人民利益始终摆在至高无上的地位，让改革发展成果更多更公平惠及全体人民，朝着实现全体人民共同富裕不断迈进"；"带领人民创造美好生活，是我们党始终不渝的奋斗目标"。党和政府关于民生问题的一系列举措，加快了为人民谋幸福的前进脚步。幸福也成为人们对美好的向往和追求，让自己的职业在发展中有一些幸福感，是我们每一个职场人都必须要有的基本素养。

作为一个长期在中学从事基础教育的省级名师，不谦虚地说，我所做的一切，都是回到教育朴素的起点，遵循教育常识，遵循教育规律，面对自己眼前的一个又一个活泼可爱的孩子，坚守良知，仅此而已。

和大家交流让自己的职业在发展中有一些幸福感这个话题，心里多少还是有些忐忑。

幸福是什么，确实不好回答。在世上一切东西中，好像只有幸福是人人都想要的东西。人们往往把得到自己最想要的东西、实现自己最大的愿望称作幸福。看来幸福应该是个人内心的一种感觉，取决于个人对生活、工作和社会的综合满意程度。

问题是感觉又因人而异，所以幸福不是一种纯粹客观的状态，幸福是灵魂的事，灵魂是感受幸福的"器官"，外在经历必须有灵魂参与才成其为幸福。这么说来，幸福应是一种内心快乐的状态。

如果说幸福是一种快乐的感觉，那快乐的感受又必须具备一份心灵的宁静，一种神态的祥和。在这个很多人都以前所未有的热情拼命追求物欲享受的社会，很多时候都充满着喧嚣与嘈杂的生存空间，我们又如何去寻觅这份宁静与安详呢？还是要从我们的工作说起。

法国雕塑家罗丹说："工作就是人生的价值、人生的欢乐，就是幸福之所在。"为什么这么讲呢？因为工作几乎占据了我们生命中1/3的时间。生活幸不幸福，和工作是否幸福休戚相关。

我在中学工作，还有一些社会兼职，忙碌成了常态。常态之"常"指的是经常，而非正常。倘若被常态禁锢，把经常误认作正常，心就会在忙中沉沦和迷失。如果警觉到常态未必正常，在忙中保持心的从容，我觉得，这是一种觉悟，也是一种幸福。幸福在自己的工作中。所以，我们不要炫耀忙碌，忙碌不是成功，忙碌也不是幸福。忙碌不是借口，忙碌也不能成为我们推卸生活责任的理由。

德国哲学家、诗人尼采说过："假如上帝不给我欢乐，我就为自己创造欢乐。"幸福需要我们的主动和追求。

有关调查结果显示，教师工作幸福感并不是很强，整体工作幸福指数处于中等偏下状态，而且在工作中负面情绪体验比较多，包括愤怒、痛苦、担惊受怕、气馁等。看来，教师需要更多幸福的阳光。

我现在还记得第一次站在讲台上的感觉，望着孩子们纯真的笑脸，工作的热情和活力登时盈满了全身，自此，我把全部的时间和精力都投入到了教学中，为争取获得成功，昼夜写教案，乐此不疲。我们有个年轻教师的课后反思甚至比教案还长，真是值得我们学习。那个时候，各方面不像现在这么方便，我们工作的意义就是设法对学生的生活产生积极的影响，在与学生的相互作用中，在观察学生学习的过程中，获取成就感。

这样看来，感受、工作、学生三者自然就形成了我们的幸福圈。我们的幸福需要感受，我们的幸福在工作中，我们的幸福体现在学生的成长中。

初心不忘　幸福工作

教书育人需要激情和爱

在真爱·激情·学生中提升教师幸福的能力

　　英国著名教育家伯特兰·罗素说过一句话："为爱所支配的知识是教育者所必需的，也是他的学生所应获得的。"我个人认为，作为教师，爱是第一，没有爱心的人是不适合做教师的。如果一个人连他的爱人都不爱，都背叛，你说他会爱学生，我觉得，这好像不靠谱。

　　爱是追求的动力，不爱就没有主动。人们表达爱的方式那么多，没有人教的，都是个人天赋和创新，人的主动性在这里。

　　爱是对人性的尊重，不爱是很粗暴的，那是很伤人的。只要有这个"爱"字弥漫在教室的上空，教学就肯定有了浓浓的诗情与画意。我始终认为，没有教师对教育发自内心的热爱，就不会有真正的教育，这些都是基本的良知。

　　爱，是一种依恋。苏霍姆林斯基曾说过："对孩子的依恋之情，这是教育修养中起决定作用的一种品质。"阿莫纳什维利也说过："谁爱儿童的叽叽喳喳声，谁就愿意从事教育工作；而谁爱儿童的叽叽喳喳声已经爱得入迷，谁就能获得自己职业的幸福。"爱，是一种依恋和事业的忠诚。

　　雷夫的事迹被拍成纪录片，他的著作《第56号教室的奇迹》成为美国最热门的教育畅销书之一，他仍然坚守在他的56号教室，证明着一个人能够在最小的空间里创造出最大的奇迹。有个主持人问雷夫：你的年收入是42000美元，为什么不换个工作？雷夫笑着回答说："你今天已经看到了，我现在干的工作是世界上最好的工作了，我没有必要换工作。"学生评价雷夫是"英雄"，"是他看到了我的潜能，让我努力学习。""56号教室是我的家。我的同学，就是我的亲人。我所有的成长都是在56号教室里完成的，是我成为现在的我的原因。即使在外面的世界有这么多可怕的事情发生，尽管有着一切不如意，但所有问题都可以在56号得到解决。当我家里有问题，我总是回到56号教室。即使到今天，我仍然需要找到一个没有愤怒的地方，没有仇恨的地方，一个只有幸福和欢乐的地方。我知道我仍然会回到56号教室。"这是一种依恋，是教育之爱，是教育之美。

爱，是一种理解。教育，是人学。苏霍姆林斯基讲过："不了解孩子，不了解他的智力发展，他的思维、兴趣、爱好、才能、禀赋、倾向，就谈不上教育。"我们要以孩子般的情感，孩子般的兴趣，做有童心的教育者。我们要用孩子的眼睛去观察，用孩子的耳朵去倾听，用孩子的大脑去思考，用孩子的兴趣去探寻，用孩子的情感去热爱！换位思考，是爱，更是理解。

爱，是一种尊重。我个人认为，是否尊重学生，不在于我们的"好心"，而是学生的感受。我们决不能以"我是为你好"或"严师出高徒"之类的理由剥夺学生的尊严。检验一个教师对学生的爱是真是假，可以看看他对后进生的态度。如果明知道这个孩子考不上大学，可依然爱他，不放弃对他的教育，这就是真爱，因为这爱超越了功利。如果只爱那些能够考上大学的孩子，那份爱我看就不那么纯粹，也不那么真。因为这种爱掺杂着功利。

那么完整而伟大的爱是不是既爱尖子生，更爱后进生呢？声称眼里只有"学生"，没有"尖子生"和"后进生"，这种爱看起来好像很高尚，对此我表示存疑。差别是客观存在的，无论你承认与否，"尖子生"和"后进生"就在你身边，不因为你心里没有，他们就真的没有了。正视其存在，并且有针对性地、个性化地进行教育，让不同的学生都有进步，才是真爱，同时也是真智慧。

再往深处想，其实爱是一种情感。情感无法伪装，也无法强迫。所以要理解并允许一些教师暂时不爱学生，但必须尊重学生。爱是内在的情感，尊重是外在的行为。你批评他时不能辱骂他，更不能体罚，这就是尊重。既爱学生又尊重学生当然更好，但在还不能爱学生之前，请尊重学生。

爱，是一种浪漫。让教育充满情趣与浪漫！教师，更应该追求一种物质以外的精神享受。若干年后，我们回忆起我们的教育生活的时候，会怦然心

初心不忘 幸福工作

动，热泪盈眶。我经常写一些诗放在自己的QQ空间欣赏，业余时间写一些书法作品，我很享受，也能感染或者感化我身边的朋友、同事。

爱，是一种责任。教育就是教会学生爱——懂得爱，并传递爱！让学生学会从平凡生活中感受爱，让学生对别人有责任。我们对学生的爱必须是纯粹的，是真爱，不要带任何私心杂念。

幸福的感受需要能力。我们要学会爱，仁爱之心，包容之心，谦卑之心，这是最重要的，但这绝不是分数能够衡量的。

现在社会，包括单位对优秀有很多的评判标准，人们趋之若鹜，我认为不要追那些。我一直用我的标准来看我的学生，做一个正直、诚实、善良的人，一辈子都幸福。因为正直才能求真，这是社会意义上的公正，也是做学问的前提，不公正最让人痛恨和不甘心。诚实是做人的根本，形式和作假是社会的顽疾，这与我们的文明发展是相悖的，这是立人的根本，我们不能容忍的就是被欺骗。善良阐释人性，和谐社会之和谐，在于与人为善，与人为善，方顺心始终。我们要知道幸福永远都比优秀要重要得多。

所以，我会有一个真爱—激情—学生三者自然形成的幸福圈。我们付出真爱，我们充满激情，我们在学生身上就能获得自己和孩子的幸福，就看自己有没有这个能力和耐心了。

职业幸福拷问师德智慧

从美德·智慧·学生中锤炼教师的职业幸福

苏格拉底说过："美德即智慧。"周国平也说："美德的真正源泉是智慧，即一种开阔的人生觉悟。德性如果不是从智慧流出，而是单凭修养造就，便至少是盲目的，很可能是功利的和伪善的。"一切教育的最终目的可以用一句简单的话来概括——教人智慧，使人高尚。

现在这个时代呼唤具有教育智慧的教师。智慧成就教师职业幸福感。没有教师生命质量的提升，就很难有高的教育质量；没有教师的精神解放，就不会有学生精神的解放；没有教师的主动发展，就很难有学生的主动发展。信息化自媒体时代，创新创客的主流发展，没有教师的教育创造，就不会有学生的创造精神。

学习本应该是人的一种根本性的精神享受，人在这种精神享受中获得全面的发展。热爱学习应该是人的生命本性，人通过学习掌握人类的本质力量，由此可体验到人生的自由境界。可现实却并非如此，孩子一提起学习，马上感觉到厌倦、压抑、枯燥、羞辱，唯恐躲之不及。为什么原本是人的生命本性的肯定和发挥，却变成了对生命的否定和压迫？为什么自然而然的享受，却变成了命中注定的一场苦役？

孩子在教师面前犹如一张白纸，我们没有资格任凭自己的主观想象在这张白纸上随意涂抹。当我们把孩子辍学的原因一味归罪于贫穷、生活窘迫等经济原因时，是不是也应进入教育的深层窥视一下教育本身的因素，那些呆板、机械、枯燥的教学方式，使孩子天性中对未知世界的探索出现了退化；那些单调的符号、抽象的数字阻隔了孩子与周围丰富多彩世界的联系，使他

初心不忘 幸福工作

们除符号认知以外的各种身心机能都出现了病态的萎缩，以至于感觉迟钝、想象枯竭、情感冷漠、了无爱心，让人痛心疾首。现实生活中，我们很怕遇到这样一种人：年龄不小、书读得不少、也有一定的阅历，却满脑子都是标准答案。无论你跟他讲道理、讲理论，还是谈常识、谈逻辑、分析具体事例，他都能调出脑子里的标准答案来应对。

还记得阿基米德那句"给我一个支点，我就能撬动地球"的呼喊吗？孩子的想象与创造能力就是撬动地球的支点，它的能量无法估算。不要低估孩子的强大生命力。天下第一的迎客松，在石缝中长成，这是生命力的伟大和杰出。

教育智慧不是工匠性的技能、技巧，不是追求外在的模仿可以学得的。培养、造就智慧型教师除了接受教育机构正规的知识、能力、价值观等方面的培养外，更要靠个人长期不懈的自我精神修养，包括个人阅读、生活经历与教育教学经历的体悟和反思、对人际的洞察和敏感、勤奋的写作等等。

学生对教师的敬畏起源于对教师人生智慧和教育智慧的惊奇。人生短暂，珍惜光阴就是延长生命，就是延续幸福。我们每时每刻都要做好选择。因为没有比高效率做无用功更无用的事了。工作千头万绪，如何做呢？最近看《精要主义》这本书，感慨比较多，提一些个人的建议：更少，但更好——"我选择做，而非必须做"；"重要的只是少数，不是一切都重要"；"怎样权衡取舍，不是把一切都安排妥当"。心理学上有个"决定疲劳"现象，就是要做的决定越多，决定的质量就越差。教学工作就是这样，专注一些好！我们不要看低自己的职业，老师，应该是个很高贵的词汇。

这种高贵孕育于奉献。教师的奉献就是教师的高贵，我们从网上看到了很多高中名校的教师的作息时间。其实全国的高三大同小异，都很紧张，孩子的聪明程度差不多，时间和投入要保证。

这种高贵孕育于智慧。我每年外出活动比较多，每次出去都会买奖品奖励给课堂活动优胜的学生，学生非常喜欢，与学生的距离拉近了，亲其师，信其道嘛。

这种高贵孕育于爱，学生会发自内心地感恩。我20多年前教过的几个学生，不知道从哪里打听到我的信息（我原来在兰州工作，现在在东莞工作），他们竟然发起聚会，从全国各地来东莞看望我，这是任何东西都换不来的爱和感恩。

高贵与奉献、质朴、智慧和无私的爱同行。现在的中学生自主意识很强了，他们会挑剔和打量我们，审视我们是否有资格成为他们的榜样。在所有影响学生道德发展的教育因素中，最具感染力的莫过于教师本人的人格魅力，它胜过无数语言说教和严格的纪律要求。我们准备好了吗？

所以，美德—智慧—学生三者自然也就形成幸福圈，美德是前提，智慧要锤炼，我们的幸福还就是在学生身上，就看自己有没有这个能力了。

初心不忘 幸福工作

职业幸福与个人灵魂

教师教育灵魂的丰富和个人的个性发展

乌申斯基有一段名言：在教育中，一切都以教育者的个性为基础，因为教育的力量仅仅来自人的个性这个活的源泉。没有教育者个人对受教育者的直接影响，就不可能有深入性格的真正教育。固然，许多学校都有自己的管理文化，但是，最重要的东西永远都取决于跟学生面对面的教师个性。

教师的个性对年轻心灵的影响所形成的那种教育力量，是无论教科书、道德说教，还是奖惩制度都无法取代的。所以，不应以学生成绩需优先考虑为理由，而忽视教师的幸福感。将教师幸福感作为一个努力的目标，怎么关注都不过分。

心理学家指出：适度的宽容对于改善人际关系和身心健康都是有益的，它可以有效防止事态扩大而加剧矛盾，避免产生严重后果。大量事实证明，不会宽容的人，亦可能殃及自身。过于苛求别人或苛求自己的人，必定会处于紧张的心理状态之中。紧张心理的刺激会影响内分泌功能，而内分泌功能的改变又会反过来增加人的紧张心理，从而形成恶性循环，贻害身心健康。

有一个TED视频，片名叫《幸福的生活基于良好的人际关系》，大家看看，或许对我们改善人际关系有启发。

宽容，意味着有一颗平常心，不会再患得患失。宽容，首先包括对自己的宽容。只有对自己宽容的人，才有可能对别人也宽容。"送人玫瑰，手有余香"。教师应该以宽容的心态对待学生、同事、朋友、家人和自己，以平静的心积极应对每一个挑战。

亚伯拉罕·林肯曾经说过："你决心有多幸福，你就会有多幸福。"生活遵循对应原则，你决定如何生活，生活就会成为什么样子。你决定以什么态度对待工作，它就会以什么态度对待你。因此，当我们不能改变现状时，我们只能选择改变自己。在你的心里，要时刻记住丢掉忧虑和怨恨，休养放松，回归自我。

我觉得，教师实在是一个很好的职业，因为我们面对的孩子就是最美好的事物。他们有纯真的心灵、诚实的态度、自然的感情、善良的愿望。如果不能捕捉到那些美，就辜负了造化的赐予。一个享受现世幸福的人，会发自内心地爱孩子，并因为爱而满心欢喜。

教师要学会享受生活。对教师而言，享受生活有着天生的有利条件。只要我们打开所有的感官，每天给自己一小段闲暇，那平素里再平凡不过的点点滴滴，只要我们静下心来细细地品味，都有无限风光蕴含其中。

人们习惯上把教师说成是知识分子。我认为，要做一个真正的知识分子，一个昂着高贵的头颅的知识分子，就要有一颗"赤子之心"。"赤子"就是初生的婴儿。赤子在这里就是形容那些活得很单纯、很简单、很好奇、很幼稚，有时有点傻劲儿的人。也许作为知识分子，我们越简单，也就越高贵。

教师的工作需要扎扎实实的态度，任何热闹的包装、宣传、炒作，都不能代替实实在在的一天天的熏陶，一本本的作业，一句句的话语。静下心来，受益的是学生，而最终受益的是教师自己。

当教师有了淳朴的教学思想，完善的知识结构，充满热情、真情与激情的工作情绪，学生们就会对我们有道德的肯定、知识的折服和情感的依恋。

所以，我又有一个精神—个性—学生三者形成的幸福圈，我们精神的丰富程度、个性的完善程度都是我们与学生的互动与交流。

有什么比和一群年轻的生命一起构筑一座富丽堂皇的精神大厦更令人惬意的事呢！

老师们，我们要不断地蓄积自己的职业修养，眼中要看到真的幸福。

我们一旦着眼于长远，胸怀一个十年目标，我们就能视野清明，眼光深邃。当我们在进行人生设计时，若能把祖父母和孙子女放在心里，就能心明眼亮，洞悉事理。

初心不忘　幸福工作

忙碌生活中的福分

　　无休止地忙碌，以至于我还真没有好好思考过"忙"。忙者，心亡也，这是我的一位共事兄长的诠释，不禁感慨万千。"忙"让我和兄长聚少离多，其实也不用，能荣幸在一起共事，足矣，福分矣！

　　最近心情一直不太好，一直恍恍惚惚。前几天，一位过去的同事，人刚中年，因心脏病突发病逝，后事都料理完了。他的孩子今年高考，成绩上了重点线，不满意学校没有去。他是一位优秀的高三物理老师，也是一位非常负责的班主任，可他没有看到自己的女儿上大学。他的爱人也是一位教师，他们是公认的恩爱夫妻。

　　我和妻子几个晚上都没有睡好，尽管我们都不愿意多说话，其实我们的心里堵得慌，有欲哭无泪的感觉和无法言说的滋味。抑或如今生计的艰辛，糊口足矣；抑或昔日人情的难舍，别去已久；抑或无休无止地工作，无可名状。

　　我原本向往住在有沙滩、阳光的海岸边，我原本向往生在四季青山绿水岸，我原本向往活在现代时尚都市中。

　　当一切的一切如愿时，繁忙的工作，竟湮灭了我生命中那原始的写意和喜悦，生活中平添了几分茫然、无助和孤独，甚至有隐隐约约的痛楚。

　　每当繁忙时，总是安慰自己，天道酬勤，有付出就有收获。我在思量着收获的价值，那收获的是不是我对生命的起码尊重和对道义的真正敬仰。

　　夜深人静时，走在校园林荫大道上，望着那不争气的灯光，我在想，它照亮校道都很吃力，哪能照亮校园，抹去黑夜。

　　灯光是希望，是方向，真有点苍白无力。

　　不自觉地摇摇头，顺乎天伦人理可否？

也许，人在累时，会幻想；人在烦时，会傻想；人在忙时，会痴想。我经常想起千里之遥的故园，那黄土高坡的炙热情怀，那山村手抓羊肉的孜然醇香，那乡里乡亲赶着毛驴的古朴情缘。我曾经的生活，过去的圈子，生生不息的故土风情。

我把人生最美好的岁月留在了大西北，留在了沉淀千年文化的秦陇大地，我恋恋不舍，满怀感恩，却一直忐忑不安。

或许年龄的原因，或许人就是这样，向往新的生活，好的生活，却往往不去考量追求新的生活所付出的生命代价，往往不会品味好的生活所织结的生命情节。

生活生活，要生要活，不过，取舍义利，多了些理性。如今的忙忙碌碌，自然是生活之后的选择了，自然是人生的一大福分。

初心不忘　幸福工作

父母子女
天地人伦

父子有亲，天经地义。父母爱子女，子
女爱父母，天地之人伦。父母之爱是孩子至
高无上的财富，是孩子生命中的太阳。

关系——说说孩子的幸福

谈到关系，不要以为指的是我们通常讲的拉关系的关系，我想讲另外一层含义，就是人和人之间的影响，或者说人对人影响的重要性。家长们总是在通过不同途径来关注孩子的学习，想让孩子将来更有出息，这的确没有错。社会学家费孝通先生说得好：在父母的眼中，孩子常是自我的一部分，子女是他理想自我再来一次的机会。

不过经济社会发展到今天，在我们中国人开始将幸福提到主流价值观来谈的时候，我就想，孩子们的幸福我们关注了多少？如何让孩子们获得幸福？我们作为家长能做些什么呢？

前不久，通过TED我看到了哈佛大学的一项比较经典的研究成果，是关于幸福的课题。我想介绍一下这个研究成果，或许给我们以新的启迪。

1938年，哈佛大学开展了一次史上对幸福发展研究最长的一次研究项目。这个研究已经持续了七八十年，在此期间，他们跟踪记录了700多位男性，从少年到老年，年复一年地询问和记载他们的工作、生活和健康状况等，这个项目至今还在继续中。

跨度时间如此长的研究一般都做不成，它们常常会遇到受测者中途退出、研究经费不足、研究员研究重心转移或死亡而无人接手的情况。

但是这项研究竟然成功坚持了下来！原先的七百多位受测者中，至今还活着的大约有60%，而他们也都已经90多岁。

2015年11月，第四任负责此项目的主管、哈佛大学医学院罗伯特·瓦尔丁格（Robert Waldinger）教授在TED上介绍了他们的研究成果，史上最长的研究——及其结论。

在76年的时间里，这些年轻人长大，进入社会各个阶层。成为了工人、律师、砖匠、医生，有人成为酒鬼，有人患了精神分裂，有人从社会最底层一路青云直上，也有人恰恰相反，掉落云端。

这些人里包括四位美国参议院议员，一位内阁成员，还有一位后来成了美国总统，即大名鼎鼎的约翰·肯尼迪。

大概在课题开始时，根本没有人可以想象这个研究至今仍持续进行。然而没想到负责人换了四代，这项前所未有的研究居然成功持续了下来。

现如今还在人世的研究对象都已经是90多岁的耄耋老人。

那么，这70多年、几十万页的访谈资料与医疗记录，究竟带给我们什么样的研究结果与启发？

到底什么样的人生是我们想要的？

如何才能健康幸福地生活？

你可能首先想到的是钱，名望，或者成就感。

但并非如此，一句话：好的社会关系能让我们过得开心、幸福。好的社会关系到底是什么意思呢？具体来说：

（1）孤独寂寞有害健康，社会关系对我们是有益的。研究发现，那些跟家庭成员更亲近的人、更爱与朋友邻居交往的人，会比那些不善交际离群索居的人，更快乐，更健康，更长寿。

（2）孤独的人不是可耻的，而是有害健康的。那些"被孤立"的人，等他们人到中年时，健康状况下降更快，大脑功能下降得更快，也没那么长寿。

（3）关系的质量要比数量更重要。朋友的数量、结婚与否，都不是真正的决定因素。整天吵吵闹闹的关系对健康是有害的。成天吵架、没有爱的婚姻，对健康的影响或许比离婚还大。

所以，我们不必在意朋友的数量，而应关注自己人际关系的满意程度，心态决定一切。

（4）好的人际关系可以保护人的大脑。幸福的婚姻不但能保护我们的身体，还能保护我们的大脑。如果在80多岁时，你的婚姻生活还温暖和睦，你对自己的另一半依然信任有加，知道对方在关键时刻能指望得上，那么你的

父母子女　天地人伦

记忆力都不容易衰退。而反过来，那些觉得无法信任自己的另一半的人，记忆力会更早表现出衰退。

幸福的婚姻，并不意味着从不拌嘴。有些夫妻，八九十岁了，还天天斗嘴，但只要他们坚信，在关键时刻，对方能靠得住，那这些争吵顶多只是生活的调味剂。既然幸福和睦的关系对健康是有利的，那为什么我们总是办不到呢？

有这么个说法，西方人重规则，中国人重关系，这要辩证地看。关系意味着我们的孩子是无法回避的，也意味着我们不可能游离于这个世界。

天下的父母亲也都是一样，有人说，全世界的母亲是多么的相像！她们的心始终一样，每一个母亲都有一颗极为纯真的赤子之心。事实上，我们并没有为孩子们准备好让其如何步入大千世界。

RobertWaldinger教授说，在他们研究的一开始，不管贫富，年轻人都坚信名望、财富和成就是他们过上好日子的保证。而回顾他们的一生，他们发现并非如此。

结论是客观的，我们在现实生活中关心过孩子处理社会关系能力的培育和指导吗？

我们要求孩子不要交太多的朋友；

我们怕让孩子参加社团活动影响学习；

我们会教给孩子很多防备别人的方法；

我们不太愿意去帮遇到困难的人甚至倒地的老人；

……

我们应该引导或者是帮助孩子建立一种良好价值取向的社会关系，而不是只让孩子成为一个学习的机器，也不应只盯着孩子的成绩。

在100多年前，马克·吐温回首自己的人生，写下这样一段话："时光荏苒，生命短暂，别将时间浪费在争吵、道歉、伤心和责备上。用时间去爱吧，哪怕只有一瞬间，也不要辜负。"

爱什么？爱自然，爱社会，爱生活，爱人生，爱自己。我们的孩子需要学会对话。人的青春会逝去，爱情会枯萎，友谊的绿叶也会凋零，而一个母亲内心的希望比它们都要长久，这就是对于子女的力量源泉。

对话——说说孩子的学习

　　我们说，孩子们的学习，可以比喻为从已知世界到未知世界之旅。在这个旅程中，孩子们同新的世界相遇，同新的他人相遇，同新的自身相遇；在这个旅程中，孩子们同新的世界对话，同新的他人对话，同新的自身对话。学习的实践是对话的实践。

　　对于学习这种对话和这种现实的实践，日本有位学者叫佐藤学，在自己的经典专著《学习的快乐——走向对话》中将其概括为三种形式：

　　——同客观世界的对话（建构世界，文化性实践）

　　——同他人的对话（结交朋友，社会性实践）

　　——同自己的对话（形成自我，伦理性实践）

　　未来的社会，正在把学习的实践从个人主义的束缚中解放出来，重新界定为借助同他人的团结与协作所实现的合作性实践，这就要求孩子们要合作地相互学习，教师们要相互合作地学习，家长也要参与学校的教育与学习的合作。有人说这种学习形式是一场静悄悄的革命，是未来社会发展的主流。

　　我们大家可能也在现实生活中看到，传统的学习方式产生的一些弊端，一些孩子拒绝学习、逃离学习的状况愈演愈烈。这是因为学习从来就不轻松，学习本来就是一个辛苦的事。

　　我最近看到了这样一个报道：曾获"普利策"最高新闻奖的美国记者爱德华·休姆斯，花了一年时间，在加州公立学校惠特尼高中"蹲点"。一年后，他写了《梦想的学校》一书。这本书第一章用了个长标题："4是有魔力的数字：4小时睡眠，4杯拿铁，4.0"。

父母子女　天地人伦

这是惠特尼高中学生群体的画像：为了得到最高的平均成绩4.0，他们一天只睡4个小时，灌下4大罐拿铁咖啡，为的就是能够支撑一整夜的学习。

美国优质高中学生的负担是这样的，他们一年要背超过112磅（约50千克重）的课本；要熬夜，泡图书馆写论文；要努力学习，在分班考试中表现突出，进入"提高班"。

学习没有捷径，这在全世界都是一样的，无法突击"优秀"，这是个常识。

我们知道，每一个孩子所接受的"学习"未必相同、等值。但从孩子的认知结构与认知过程来看，最核心的就是要培养孩子在与同桌同伴的合作中学会思考。

如果每天花大力气去死抠那些具体的知识是否记忆准确，而忽视孩子在学习过程中隐含的那些可贵的"思考"和对问题与任务本身的"好奇心"，则是学习的最大失误。我个人感觉到，只有"思考""思考力"才是学习的关键所在。正如苏霍姆林斯基所说的：教育者应当深刻了解正在成长的人的心灵。当我听到或者读到对人的个别对待的态度的时候，它们在我的意识里总是跟另一个概念——思考，联系在一起的。教育——这首先是活生生的、寻根究底的、探索性的思考。没有思考就没有发现（哪怕是很小的、乍看起来微不足道的发现），而没有发现就谈不上教育工作的创造性。

我前文讲了关系，其实，在孩子成长的过程中，什么能做、什么不能做、什么只有在什么场合下才能做等一系列社会习俗和规则，社会的文明与价值观，就在这一过程中渐渐渗透在孩子的内心，让他们蜕变成一个"社会人"。社会化的过程无法在实验室完成，也无法凭借想象加以实现，社会化的过程离不开"人与人之间的交往"。

孩子的发展切不可只关注认知，而偏废或忽视了对孩子与人交往能力的培养。"什么习惯、礼貌，什么爱心、孝心，什么合作、交往，长大了他自然就会了"，这是一种可怕的认识。事实上，凡是行为出了问题的孩子，都首先表现为社交技能不足。

如不会表达情感、需求，直接"起而动之"；不知道如何加入别人的活动中，以破坏的方式试图引起注意；遇到困难、欺侮时不知道正常的求助手段与程序，直接"出手"或者"大喊大叫""大发脾气"；在集体生活中没有"轮流""等待"，甚至"所有"的概念。

　　苏格拉底说过一句话，每个人身上都有太阳，主要是如何让它发光。我觉得教育中把握好两点——教孩子学会思考、教孩子学会交往，就基本把住了孩子的健康成长和全面发展。

父母子女　天地人伦

人伦——说说对孩子的爱

《爱的教育》是一部令全世界亿万读者感动的伟大作品，它以一个四年级的孩子——安利柯的目光和口吻，向人们讲述了一个个感人至深的小故事。正直善良的卡隆、品学兼优的德罗西、坚忍勤奋的斯代地、可爱懂事的波列科西……他们送给了安利柯最真挚的友谊、最美好的回忆。当然，还有慈爱的父母、令人尊敬的老师，他们给予了安利柯最无私的疼爱，教会他宽容与理解，这一切堪称爱的教育的经典范例。

古语云，父子有亲，天经地义。父母爱子女，子女爱父母，乃天地之人伦。爱是教育的灵魂，父母之爱是孩子至高无上的财富，是孩子生命中的太阳。

每每被《爱的教育》感动时，我们会深切地感受到，教育只有与爱融为一体，才能产生巨大的能量。

谁家父母不爱子女，我在这里要讲的关键是父母要真爱子女，父母之爱绝不是溺爱，也不是娇惯，更不是放纵，必为之计深远，也就是我前文讲的与自己对话。

我们常说，修身齐家治国平天下，一切以修身为本。爱孩子，重人伦，我们就要在孩子的心灵中播下美德的种子，让孩子有安利柯一样的感受，引领孩子向真，向善，向美，向上，做一个有道德的人。

如何做到这些呢？

其一，正其心。正身必先正心，养德即是养心。心正则行正，心美则身美。一切福田，不离方寸，从心而觅，感无不通。君子所以异于人者，以其存心也，君子所存之心，只是爱人敬人之心。要关注孩子心灵的发育，让孩子获得和谐的发展。我们在这方面真应该加强：

您了解孩子吗？

您知道孩子的心思吗？

您和孩子坐在一起长谈过吗？

您有多长时间陪伴您的孩子呢？

……

正心，不是简单的说教，不是粗暴的命令，是心灵的坦诚，是真实的、美丽的遇见。有时在校门口看到我们的孩子在父母来接他回家时的冷冰冰的表情，没有喜悦，没有热情，没有问候，没有交流，拉开车后门进去坐下，拿出手机自顾自来看——真是心寒啊，教其何用？

其二，是自主。孩子成才关键在自己，一个人需要学会依靠自己，学会尊重自己，不接受他人的施舍，不等待命运的馈赠，只有在这样的基础上，才可能做出成就。

我是一名高中教师，带过十八届高三了，有时感到自己真的很无奈。因为高考不像中考，高考所需要的那些潜在的能力，教师是教不会的，是必须要靠学生自己主动去思考、归纳、提炼、生成的。如果我们不了解这些，不能感悟到这些，机械地从教师身上找原因的话，我们对高考的认识就是肤浅的、片面的。

所以，当有孩子考上好的学校时，我们真要由衷地肯定这些聪明的孩子，尽管教师的引导和教育是不可否认的。我从来没有勇气在别人面前夸自己带的学生如何如何，只能说自己有时比较幸运而已。

因此，在培养子女的过程中，尤其是已经到了高中，要把更多的时间和精力用在培养孩子的自立、自尊、自信、自强的意识上。叔本华说过，真正独立思考的人，才是精神上的君主。我们要培养具有独立人格的孩子，把孩子当作朋友来看待，而不是一味要求孩子顺从自己的想法，让孩子失去自主发展的机会，还可能真要搭上孩子人生幸福的损失。

其三，是习性。我不展开写了，这方面大家知道得很多。播种信念，收获行为；播种行为，收获习惯；播种习惯，收获性格；播种性格，收获命运。

父母子女　天地人伦

其四，是个性。多元智能理论告诉我们：人的智能是多元的，每个人都有自己的优势智能。要善于发现孩子的潜能，使孩子的禀赋与特长得以充分发挥。孩子是自己在成长，任何人都无法代替。孩子成长有自己独特的路径。

要尊重孩子的天赋，尊重孩子的个性，尊重孩子的兴趣，尊重孩子的特长，尊重孩子的人格，尊重孩子的感受，尊重孩子的想法，尊重孩子的自主选择，培养孩子的人生规划能力和自我发展能力。要给孩子时间和空间，让孩子做自己喜欢的有意义的事，研究自己喜欢的有价值的学问。

现在的社会是开放的社会，这个星球在不断地一体化，全球化是不可逆转的，是历史的必然。

我们的孩子未来面对的世界比我们要广得多，若要孩子游刃有余地面对这一切，去获得自己的幸福，我们准备了什么？问问自己，那便是你我交流的收获。

自己——说说孩子的成长

对于一个家庭来讲，父母是根，孩子是绿叶。如果绿叶有问题，多半是根出了问题。家长们常常看到的孩子的问题，其实是自己的问题在孩子身上的"发芽"和成长。

在孩子面前，我们似乎都是上帝。在一个幼小的孩子面前，我们总是在无意识中扮演上帝：我们以为知道什么东西对他最好，知道什么样的道路对他最好……从孩子一生来看，事实上，我们真不知道什么对自己的小孩最好。

有时候我们会以爱或对他好的名义，做一些蠢事。甚至用惩罚自己的方式来惩罚自己的小孩，用责备自己的方式来责备他。大家会发现，现实生活中你可能管得越多，他越成为你。可能管得越少，他会越来越不像你，他也许才会越来越发展出你的生命中所没有的新的部分。

我们衡量自己对一个人是否有爱或爱有多深，往往会看对他有没有要求、期望或负不负责。有时候，当我们对一个人要求越多、期望越高、掌控得越强烈和越负责时，我们就越爱那个人；反之，我们就不爱他，或爱他不深。

自觉者没有教育的概念，因为他们不需要教育。老子从未提倡过教育，因为他处在了道的源头。万物需要的不是他人给予的教育，而是自我学习和自我教育。而实质上，在人的智慧创造之中，也只有这一部分是真正有意义和起作用的。

我们对教育应持什么态度？将它的意义下降到最低。没有人需要教育，他们需要自我教育。

一个好的家长，应把教育的重心由教育孩子放到教育自己身上来。对于觉悟的家长来讲，教育孩子只是个借口，自我教育才是真的呢。当你把自己教育好了，孩子只是美好的你的反映。

真正的爱是一种无为。它像太阳给予万物光和热一样，给出本性的能量。你不期待他，不要求他和本来的自己有所不同，不试图改造或修正他。

真正的爱是完全无条件的。无论如何你都爱他，怎么样你都爱他，你的爱甚至和他无关，这才是真正的爱。这爱像老天对万物的态度一样，给予你但对你没有要求、没有期待，他对你无为。

如果把这个标准称为真爱的标准，那么来检验一下你对孩子的爱是不是真爱。你期待他学习好，你期待他做个好小孩，但你知道你的期待曾经暗地里带给他多少压力吗？你越期望他好，越形成自己的压力。我们尽己所能，但不要求他，这才是真正觉悟了的父母的爱。

对孩子没有期待的教育，并不比对孩子有更多所谓良好期待的教育更差。在对待小孩的问题上，来重新思考一下你的爱：那是不是真正的爱？

教育是一种自省，是一种人类的自省，一种你的自省。在完成自身生命圆满之途上，孩子及其教育是一座桥。踩着这座桥，你回到了你自己。

借着你有一个小孩和教育他，在你自己身上下功夫吧，以此来实现整个存在的圆满。

教育是一种自省的途径，向外劝导你的孩子，向内劝导你自己。

故事感恩
德育人生

与孩子们的成长做伴，与心中的坚守同行；工作用心才会快乐，人有真情才会发展无限。

刻在石头上的感恩

有这样一个故事：曾经有两个人在沙漠中行走，他们是很要好的朋友。在途中不知道什么原因，他们吵了一架，其中一个人打了另一个人一巴掌。那个人很伤心，于是他就在沙里写道："今天我朋友打了我一巴掌。"写完后，他们继续行走，来到一块沼泽地里，那个人不小心踩到沼泽里面。另一个人不惜一切，拼了命地去救他，最后那个人得救了。他很高兴，于是拿了一块石头，在上面写道："今天我朋友救了我一命。"朋友一头雾水，奇怪地问："为什么我打了你一巴掌，你把它写在沙里，而我救了你，你却把它刻在石头上呢？"那个人笑了笑，回答道："当别人对我有误会或者有什么对我不好的事，就应该把它记在最容易遗忘、最容易消失不见的地方，由风负责把它抹掉。而当朋友有恩于我或者对我很好的话，就应该把它记在最不容易消失的地方，尽管风吹雨打也忘不了。"感恩遇见，学会感恩会让人释怀很多事。

每一学期的德育教育工作，都是非常烦琐和繁重的。尤其年级长和班主任的工作，一学期辛辛苦苦做了那么多：抓行为规范、抓纪律教育、抓住宿生管理、开展专题教育、与家长联系、搞社会实践、搞文体艺术节系列活动等等，确实是早出晚归，真有点"坐床兴叹夜已晚，和衣一觉窗白出"的感觉。但老师们都很认真、很执着地完成了每一项工作，从这个意义上来讲，回过头来看，怎么感恩自己都不过分，怎么感谢我们的德育工作都不足为奇。

大家会习以为常地认为班主任应该是辛勤耕耘、甘于奉献和牺牲的代名词。事实上，老师最伟大的地方不应该只是牺牲，而是汲取。"传道授业"的使命，渴求真知的眼睛，尤其是在课堂上，它更使得我们每一个为人师者都在自觉不自觉地修炼，长年累月，从一个起点再到下一个起点。

一般来讲，学校会尽最大努力提高班主任的待遇，包括评先评优向班主任和年级长倾斜。说得再实在一些，学校举办的诸如班主任活动体验日、班主任高峰论坛（沙龙）等，看似很平常、很简单的一些活动，是需要花费很多心思的，在一切管理从严要求的大环境下，学校做这些事要向有关部门进行很多的说明和解释，这本身就是学校对班主任、年级长工作的感谢和肯定。

可能有些班主任有时会认为自己是"被"班主任了。我觉得，不管怎样想，我们都要认识到，做班主任工作确实是学校和职业给我们提供的成长平台，应该心怀感恩。

对于一个人来讲，不管拥有多少资源，如果不懂得利用，就永远都不够。任何学校都会在班主任管理这一方面想办法的。这种努力体现的是学校要坚持的价值取向，也是学校发展的共同愿景。

"新竹高于旧竹枝，全凭老干为扶持"。想通了这些道理，一学期忙忙碌碌的我们，就会感谢给我们犯错机会却直面指出的领导，感谢给我们进步的机会且不断提醒的同伴，感谢给我们随时顶班还任劳任怨的年级长，感谢我们的坚强后盾和心中的顶梁柱。

我们要将感恩记在心中，刻在石头上，我们可能会走得更远。有句话说得好，与孩子们的成长做伴，与心中的坚守同行。

成长的苹果树

有这样一则寓言：一棵苹果树，终于结果了。第一年，它结了10个苹果，9个被拿走，自己得到1个。对此，苹果树愤愤不平，于是自断经脉，拒绝成长。第二年，它结了5个苹果，4个被拿走，自己得到1个。"哈哈，去年我得到了10％，今年得到20％！翻了一番。"这棵苹果树心理平衡了。

但是，它还可以这样，继续成长。譬如，第二年，它结了100个果子，被拿走90个，自己得到10个。很可能，它被拿走99个，自己得到1个。但没关系，它还可以继续成长，第三年结1000个果子……

其实，得到多少果子不是最重要的，最重要的是，苹果树在成长！等苹果树长成参天大树的时候，那些曾阻碍它成长的力量都会微弱到可以忽略。真的，不要太在乎果子，成长是最重要的。

我们在总结工作时，时常会讲"来年，我们一起前行"之类的话。孟子曰：人之相识，贵在相知，人之相知，贵在知心。这就有一个问题，同行相伴，和谁结伴，与谁知心成长？

我觉得：一方面，同事结伴，共同成长。学校每年新担任班主任的年轻人都比较多，这是学校的新生力量、新鲜血液，学校一般都非常关注年轻人的成长，有的会专门召开诸如年轻班主任沙龙等活动，推荐年轻班主任代表发言，安排班主任班级结对拜师发展等等。学校的那些老年级长、老班主任榜样示范，传授经验，带动新班主任的工作，应该是义不容辞的。学校德育管理团队是不是优秀，是不是有战斗力，不是夸夸海口表扬鼓励的泛泛而谈，而是要看班级和学生能否获得共同进步和成长，这才是最重要的标准。另一方面，师生结伴，适应变化。学校的生源质量结构和数量规模一届一届都会有一些变化，有些变化还比较大，而所有中学一般都面临比较大的升学压力。教育对象变化大，对德育的要求也就更高了。比如有时候学生在运动会上入场式的精彩绽放会让我们眼前一亮，文艺晚会上学生高质量的文艺节目会让我们情不自禁地、由衷地感叹。事实上，现在学校的好多活动基本上是孩子们在自主开展。

学生的精彩会一点一点地成就我们，尤其是那些生源质量比较好的学校。但我们很多时候开展德育工作都是积极工作，仓促应战。一学期忙忙碌碌，总算坚持下来，而且小有收获，有时感觉还不错。

骆宾王说得好，一贵一贱交情见。不知道你是否深入思考过，尽管学生的差距是客观存在的，我们管理的班级有没有差距呢？尤其是我们德育工作者的差距在哪儿呢？看不到差距就没有压力和动力，看不到差距就没有主动创造性和自觉选择性。

相识满天下，知心能几人。应该说学习和思考问题是很快乐的事情，思考最深刻的才是最精彩的。机械的、按部就班的、冷冰冰的德育管理真是不适合我们面对的这个学生群体了。

曾子杀猪的用心

曾子，又叫曾参，春秋时期鲁国人，是孔子的弟子。曾子深受孔子的教导，不但学问高，而且为人非常诚实，从不欺骗别人，甚至是对于自己的孩子也是说到做到。有一次，曾子的妻子要上街，儿子哭闹着要跟去，妻子就哄他说："你在家等我，回来给你杀猪炖肉吃。"

孩子信以为真。妻子回来，见曾子正磨刀霍霍准备杀猪，赶忙阻拦说："你真的要杀猪给他吃？我原是哄他的。"曾子认真地说："对小孩子怎么能欺骗呢？我们的一言一行对孩子都有影响，我们说了不算数，孩子以后就不会听我们的话了。"他果真把猪杀了。曾子言传身教，为后世传颂。

我们的每一个学生，都是从陌生走进我们的生命，从相逢融入我们的心灵。师生间最怕欺骗和虚假，给予真心才能收获信任。真诚之后会是暖心的师生情和相携的永恒。

现在的孩子，我们真是来不得半点虚假。孩子们的自主意识非常强，综合素质也比较高，大多数学校的学生社团都发展起来了，有的数目还不少。应该说，对于学生社团，学生参与热情高，参加人数多，活动组织多，活动开展实，相当有创意。如何用心地去呵护学生的热情，真心地去帮助学生的社团，真是一个大的课题。而那些以影响学生的学习为原因来消极对待学生社团的做法，很明显是站不住脚的。如果这样，我们自己也不会有真正的教学快乐的，这是一种没有远见的取舍。

如果我们简单地、粗暴地不允许学生参加，不愿意给学生时间，真不是好的做法，就连现在的中高考都不是简单的知识考核了，对能力的要求和自主解决问题的素养的要求也越来越高。北京四中校长刘长铭在演讲时讲了一句话：如果学校只是为了教知识，那么，也就没有存在的必要。好的学校教育要给孩子价值体系，但这种价值并非是靠课程教出来的。我们知道价值体系不是课程。什么是教育价值体系？它包括生命教育、生活教育、职业教育和公民教育，也许学生社团是个不错的选项。大家都来扶持学生社团，给学生社团一片天地，尽管短期不能体现在学业成绩上，但它一定是有作用的！

这里，我还想说一下，与学生交流，我们一定要好好说话，这是我们老师一辈子的修行。年级组的班级管理、团委学生会的学生培训、创文活动检查项目、学生志愿者的活动开展、年级家委会普遍开展活动等等，我们的管理和教育都取得了很多成绩，不用一一列举了。但是，一些学生误解、纠结、师生不信任、生气时放狠话，甚至拳脚相加的现象还是有的。师生长期在一起，总会产生摩擦和矛盾。但是不同的处理态度，不同的遣词造句，就会有不同的结果。大凡以言语做武器，以对方的尴尬窘迫，一言不发为胜利的班级，一定是彼此消耗、彼此不满的；能好言相劝，有商有量的班级，一定是彼此滋养、彼此尊重的。

想培养一个阳光快乐、知书达理的学生，我们要广积"口德"，维护好班级中这份亲密关系。所以，我们讲工作要用心才会快乐，要有真情才会发展无限。

走出枯井的驴子

有一头驴子掉进了一口枯井，它哀怜地叫喊求救，期待主人把它救出去。驴子的主人召集了数位亲邻出谋划策，还是想不出好的办法搭救驴子。大家最终认定，反正驴子已经老了，况且这口枯井早晚也是要填上的。于是人们拿起铲子，开始填井。当第一铲泥土落到枯井时，驴子叫得更恐怖了，它显然明白了主人的意图。

当又一铲泥土落到枯井中，驴子出乎意料地安静了。人们发现，此后每一铲泥土落到它背上的时候，驴子没有哀鸣求助和一味地抱怨主人，而是冷静地在做一件令人惊奇的事情，它努力抖落背上的泥土，踩在脚下，把自己垫高一点。

人们不断把泥土往枯井里铲，驴子也就不停地抖落身上的土，使自己再升高一点。就这样，驴子慢慢地升到枯井口，在人们惊奇的目光中，潇洒地走出了枯井。

这给我们的启示是，当你改变不了环境，你可以改变自己；当你改变不了事实，你可以改变态度；当你不能控制别人，你可以掌握自己。

人的一生可能会干很多蠢事，但最蠢的两件事就是：拒绝读书，忽视灵魂；拒绝运动，忽视健康。点点滴滴每一天，辛辛苦苦又一年，这就是我们德育工作者的生活写照。

在我们的学校工作中，总有一些这样那样的看法，如这个代课，那个不代课；这个课多，那个课少；这个毕业班，那个基础年级；这个带班主任，那个不带。凡此种种，不一而论。我想这些都不能作为我们不选择德育工作的理由，都不能成为我们工作敷衍的借口。因为，四五十个学生的成长进步，不是一件可以偷懒的小事情。

学校中辛苦的年级长和班主任，要看到世界的广大与多元，不要陷入自我的局限与狭隘。与其羡慕别人的悠闲，不如做好充实的自己。那些肤浅的羡慕，无聊的攀比，笨拙的效仿，只会让自己整天活在他人的影子里面。盲目地攀比，不会带来快乐，只会带来烦恼；不会带来幸福，只会带来痛苦。更何况，有些是错误的东西，而错误是不可以进行比较的。

超越自我是需要勇气的，一个人自我塑造的过程很疼，但最终能收获的一定是一个更好的自己。

要抽空读读书，读书的意义是需要自我体验和时间的。我们给学生讲阅读的重要性，甚至说阅读能改变命运，我们的智慧就不应该只是经验。在现在这个知识平等获取的年代里，经验没有优势，也没有市场了，改变自己是一个人成长的永远后台。

不要墨守成规，敢于创新才能打败对手，一定要善于思考。我们外出听讲座，为什么会耳目一新？因为别人和我们不同，人家有创新，有创新才有比较优势。要善于思考，一场灾难过去后，有的人往往会说："我们应该忘记这场灾难。"这是一种自我安慰。但我们真的应该忘记发生的灾难吗？我们每个人都应当以史为鉴，反思过往，方能认清目前的自己，找到属于自己的位置，走自己的道路。

人生，越努力，越幸运！人最大的魅力，是善于思考的生活，是有阳光的心态。韶华易逝，容颜易老，浮华终是云烟。拥抱一颗阳光的心，得失了无忧，来去都随缘。

润物细无声

　　我过去所在的学校是珠三角的一所镇办完全中学，2006年的时候，尽管绝大多数学生的家境比较好，但学生整体素质不太好。考大学应该是很重要的，但对我们相当一部分的学生来讲，并不尽然。我接手高三（4）班后，一方面按照学校的有关要求进行常规管理，另一方面积极寻找工作的突破口。我们班的女生比较多，男生是点缀，只有9个同学；我在和很多同学（包括学习好的学生）接触时，有一个比较强烈的感觉：学生升学动力很不足，感情比较丰富，有比较强的超过别人的潜意识。学生虽已经升入高三了，但学生毕竟是学生，其可塑性还是很强。于是，我就确定了我的工作切入点，尽量少谈高考，着重讲人的价值，千万不要以为这样有点空。我的基本观点是：你可以不上大学，但你没有理由不证明你有考上大学的能力！没有考上大学和考上大学不去上，是两种完全不同的人生境界，绝不能给自己的人生留下任何的懦弱和懊悔。我认真准备了自己的班会演讲，要求自己一要有激情，二要动真情，三要讲深讲透道理，四要尽量多地讲学生的闪光点。效果确实很好，学生的表现让我非常欣慰，主动接近班主任的多了，早上提前自觉晨读的人多了，到最后，全班自觉提前10分钟到教室晨读。接着我就规范了晨读，随之开始了我一学年应该是比较成功的班主任工作。暑假中，有一位考上大学的学生不经意中对我说：老师，你不拿高考说事，实际上，你的所有用心我们很明白，是为了高考。但我们不反感，喜欢听你讲，我们高考不能不考好！我不想丢脸！

　　我的学生整体素质的局限性，我们班学生结构的特殊性，很多时候制约着学生学习的信心和恒心。所以，我尽量对学生少提强制性的要求，但并不是放弃对学生的要求。我首先指导学生制定具体的学习目标，其中特别包含了实现这些目标需要得到班主任和科任老师的哪些支持，榜示于教室后面，形成群体激励学生的良好氛围。其次，我为学生量身制定了高考备考需要的五个方面要求，教室贴一份，每个寝室贴一份。再次，我设计了统一的座位座右铭，每人将自己自勉的话语粘贴在课桌上。教室前面墙壁上设计了"伟大的目标构成了伟大的心"的鞭策标语等。我还经常利用课间时间到学生当中去，聊聊学习情况、探讨学生的座右铭等。效果确实不错！另外，在对学生的教育方面，我特别注意了时间和方式的选择，尽量少干扰学生、少浪费学生的时间和少打断学生的学习。我管理学生都是个别管理，让学生体会时间的重要，体会集中注意力的重要，体会坚持不懈学习的好处。如果利用自己上课时间、自习课的开始和中途处理管理上的一些事情，往往可能给学生一种错觉，让学生感到时间不重要，或者感到生活中的一些事比学习还重要。这样，可能使我们学生中相当一部分人养成不好的习惯。

我观察了比较长的一段时间，我的学生比较朴实，大多数学生比较实际（叫实惠可能不太准确）。相当一部分学生很想提高自己的成绩，尤其是女生，她们学习很认真，也刻苦，但却起色不大。我想，可能一方面是我自己比较功利，急于出成绩，不切实际的要求可能无形当中就体现出来。学生可能误认为班主任有点假，就会抵触班主任。所以，我觉得，要摸准学生的情况，讲话和要求应从学生实际出发，换位思考，学生就能接受你，你要真心关心学生。我一直推崇"亲其师，信其道"。学生要求进步，这是学生的本能，但我们大部分学生家境比较优越，学习和升学的信心不足，如果学习上方法不对路，学生很容易放弃努力学习，或者得过且过。

所以，我非常关注这一点，尽管我是政治老师，但我一直特别注意和科任老师的交流，给学生提供学习的方法，并且动手将一些适合学生的方法写成文字稿，提供给学生。要注意的是，网络上的方法很多，可以参考，但绝不要盲目提供，因为学生可能并不容易接受，他们基本上家家有电脑。而且，一旦脱离学生的实际，会误导学生的，学生耽搁不起。另外，我也充分利用网络手段，利用星期六晚上和我们班的学生交流，我充实了自己的博客，上面有学习方法、应试策略、热点问题、综合练习、心理辅导等。因为

故事感恩　德育人生

我发现90%以上的学生晚上或放假回家都上网！我鼓励他们多上班主任的博客，给点人气，最好留下建议，就算帮班主任一把！另外，我建立班级QQ群，只要到周六，我就在上面发表相关提示和公告，帮助学生调节心理，辅导方法。效果很好，班上一些同学有了心理问题、小矛盾等，我就是利用这个方法获得信息，然后妥善解决的！说句实在话，班主任工作是比较累，但很有意思，我喜欢这个工作！

说说自主体验式德育活动

中学德育教育活动要跟随社会发展的步伐，遵循德育自身的发展规律，要从口号化、训导化、空泛化的说教中解放出来，积极适应斑斓多彩的文化生活，不断满足中学生的个性需求。让学生在活动合作中参与自主体验式德育活动，自主获得真正的心理体验，促进其品德发展，是中学德育工作者必须面对的现实课题。

我在六年的德育管理实践中切实地感觉到，在活动合作中开展自主体验式德育活动能够立足于德育资源开发的生活主题，能够着力于德育过程展开的体验实践，能够借助于学生自主合作的小组形式，实现个人价值与社会价值的有效融通，使德育活动焕发新的生机和活力。在此，我想说说在活动合作中开展自主体验式德育活动实践的一些思考。

德育活动必须要有设计，有理论支撑，有现实需要，有教育效果。我想先说说在活动合作中开展自主体验式德育活动设计必须要有的理论出发点。

麦克菲尔说过："个体体验是一个中介，通过这个中介，道德才能被体察和领悟。"我们常常也会遇到这样的问题，我们给学生讲了许多，学生却记不住，甚至通过多媒体让学生看了很多，学生也很容易就忘了。只有亲身体验的他们才能刻骨铭心。在组织和引导学生参加德育体验活动中，如何让学生把做人做事的基本道理内化为健康的心理品格，转化为良好的行为习惯，包括实践的、认知的、情感升华和人的社会化，我们首先要科学地认识其理论的出发点，这样，我们在活动合作中开展自主体验式德育活动才能更趋科学、有效和自觉。在活动合作中开展自主体验式德育活动的理论依据来自哲学、心理学、教育学和社会学等科学。

任何事物的发展变化，都是内外因相互作用的结果，外因是条件，内因是根据，外因通过内因而起作用。这是哲学观点。我们强调人的认识的能动性，认为主动性就是人的主观能动性的反映。活动中，学生是活动的主体，是内因。德育只有搭建有吸引力的平台，才能使学生主动参与，将认知内化；建立自己的认知体系，才能求得主动发展。

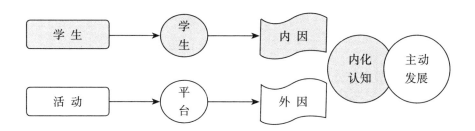

一个人的品德是由思想品德方面的知、情、意、行四个心理要素构成的，这是心理学依据。德育就是培养学生的知、情、意、行的过程。知是基础，情是动力，行是关键。传统教育中过多地强调了"知"，关注了"意"和"行"，而忽视了"情"，忽视了学生在活动实践中的自主和体验，以至于德育教育的目的往往一厢情愿，很难达成。

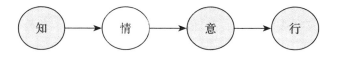

素质教育理论告诉我们，全面和谐发展的教育，以面向全体学生，全面提高学生的基本素质为根本目的，以注重开发受教育者的潜能，促使受教育者在德育、智育、体育、美育诸方面得到生动、活泼、主动的发展为基本特征。学生潜能的开发和挖掘必须要有学生的自主体验，方能把学生潜在的东西转化为现实的东西。

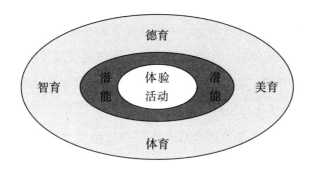

从以学生为中心出发，尊重学生自主性，提倡学生积极参与，这是自主学习理论。自主学习要求学生要以知识学习为主，同时要强化技能的训练和实践的锻炼，通过技能的训练转化为素质，通过实践的锻炼升华为素质。技能训练和实践锻炼必须要在活动合作中自主体验，这是任何其他形式都不能取代的。

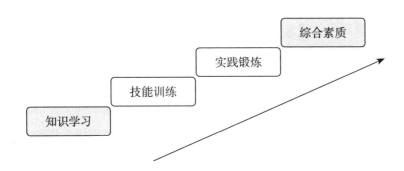

信息社会的生产方式具有全球化、信息化、个性化的特征，它必定要影响我们的文化，成为一种新的文化精神，是信息理论依据。新的文化精神是完全开放的，各种交流观点、生活方式形成多元的社会、多元的价值判断，必然要求教育的主体个性必须要创新。我们在此社会现状下无法要求学生完全的统一和需求的一致，需要满足主体个性的需求。

我再说说在活动合作中开展自主体验式德育活动的实施原则。在活动合作中开展自主体验式德育活动，可以让学生以小组合作的形式进行行政分组、学科分组和活动分组，在创意活动中为学生创设道德情境，给学生道德情感的体验提供机会，就像春雨绵绵润物无声，使学生动情践行，渐成修养，内化品格。其实施应坚持：

　　人本尊重原则。人本尊重是对人主体地位的充分肯定，是一种思维方式和价值取向。人本尊重的德育理念，要以人为中心，尊重人、理解人和满足人乃为人本尊重的应有之义；把德育和人的自由、尊严、幸福、终极价值紧密联系起来，使得在活动合作中开展自主体验式德育活动真正成为发展人的教育。

　　主导主动原则。在德育过程中，教育者与受教育者具有主体和客体的双重属性，是主客体的统一，这是毋庸置疑的。但教师的主体性应该体现在德育活动中的"主导性"，学生的主体性应该体现在德育活动中的"主动性"，二者既相互依赖又相互区别，这种关系促使在活动合作中开展自主体验式德育活动的目的达成。

　　活动合作原则。德育目标主要通过各种活动合作来实现，学生通过异质同组的活动合作形式，积极参与学校、家庭和社区组织的主题活动、游戏活动和其他实践活动，必须要强调合作的原则，必须要重视合作的环节，这是独生子女群体人数趋多和学生个性特征趋强的现实需要，也是提高道德认识，形成道德行为的重要途径。

　　自主体验原则。在从知到行的道德内化过程中，情感因素起着很大的作用。让学生在特定情境中形成身临其境的感受，在自主氛围、加深情感体验中陶冶情操；让学生在特定情境中产生角色效应，从而实现"被动角色"到"自主角色"的转变，使学生从"身临其境"向"心临其境"转化，架起"情通理达"的桥梁。

　　知行统一原则。在思想品德构成的要素中，知和行是最基本的要素。对学生进行思想品德教育，既要重视对学生进行系统的理论知识教育，又要重视对学生进行实际锻炼，把提高学生的思想认识和培养学生的道德行为结合起来，使他们成为言行一致的人。

我想再说说在活动合作中开展自主体验式德育活动平台与载体的创新。我们传统的中学德育管理模式一般是：德育处—年级组—团委学生会—学生社团。这种管理模式更多强调了自上而下的行政管理方式，具有直接高效统一管理的优势，但却不能突出在活动合作中开展自主体验式德育活动有效的、有针对性的设计和策划。为此，要创新这种德育管理模式，利用学校各方面人才的资源，我们在德育管理实践中尝试成立"新活动工作室"，由学校主管副校长、德育管理人员、后勤管理人员、体艺教学人员、各层次班主任代表、年轻教师等组成。新活动工作室的工作内容主要有：征求活动意向，收集创意点子；集中活动设计智慧，完善活动方案；反映师生愿望，沟通活动信息；以沙龙形式活动，贯穿活动始终；以参观学习为途径，借鉴活动创意。活动室每两周活动一次，常态化运行并指导、设计学生德育教育活动，使得我们在活动合作中开展的自主体验式德育活动很接地气、不断创新，得到了师生的认可和赞誉。

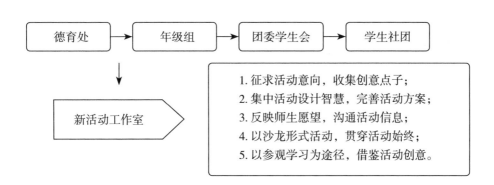

再说说在活动合作中开展自主体验式德育活动实践的主要路径。如不断创新传统文体艺术节，新瓶装"老酒"，"老酒"新韵味，最大限度满足个体需求。各个学校都有自己学校特色的科技节、读书节、艺术节、体育节等，但如果不创新这些节庆的安排，不体现活动合作中开展自主体验式德育活动的原则，学校德育活动的生机和活力就会衰减，活动的吸引力和关注度就会降低，活动的影响力和有效性就很难实现，所以必须要不断地从内容、形式、主体、参与面等方面创新文体艺术节。我们过去的科技文体艺术节囊括了班级篮球赛、广播操比赛、田径运动会、校园歌手比赛、校庆文艺会

故事感恩　德育人生

演、硬笔书法书画作品展、"精彩瞬间"摄影展、科技发明创意作品展、"我爱我班"微视频展、班级文化一条街、黑板报展评、教工趣味文体赛、师生足球赛、师生聚餐大联欢等15个项目。看起来内容比较丰富，但学生的参与面不足，更多的学生是观众。我们通过不断探索和调研，不断创新活动的内容：比如创新运动会入场形式——要求每个班级在入场到达观众席前，必须有1分钟的创意展示，必须全员参加，学生自主组织，改变了过去要求踏着步子入场的形式，学生的个性得到了张扬，班级文化氛围和价值取向得到了诠释；我们考虑到运动会时一些学生参加比赛，而更多的同学因为身体素质的原因无缘运动会，就大胆创新——运动会的裁判员全部由学生担任，运动会的各种分项目组织更多地由学生承担，让人人成为运动会的主角，让学生运动会真正成为学生的运动会，收到了很好的组织和管理效果。

又如打造特色"拳头"体验活动，以学生为本，要给予时间和空间，要有"泪点"，学生自觉的感悟是关键。中学德育践行以学生为本的办学理念，创设良好的育人环境，使学生有特长的发展，必须要开发和策划设计学校特色"拳头"体验活动。我们在这方面开发了富有学校特色的系列体验式活动："翻山越岭"意志（科技）行活动、大型团队拓展体验活动、大型亲子体验"心连心"活动等都是让师生全员参与、全情投入、身心感动、难以忘怀和受追捧的"拳头"体验活动。现在我们还探究将其开发并命名为"师生体验节"的活动课程，学生参与活动，"泪点"多多，感触颇深。

还有我们开发的"翻山越岭"意志（科技）行活动：从校园出发，学生徒步15千米到达中国散裂中子源，由科学家进行科普讲座，途中还设立"加油站"和"英雄站"，还设计了各种评奖，包括环保小组、合作小组、形象小组、贡献小组等。一位学生在参加完活动后深情地写道：每一个老师都关爱着他的学生，因为他们或许都为人父母，用一颗疼爱之心呵护着我们，因为我们都是孩子，不让我们每一个人掉队。他们鼓励着我们，也用他们的耐心等待我们，他们用他们所有的热度去温暖我们。他们笑靥如花的样子，他们温和关切的眼神给了我们极大的动力。在加油站里，饥饿干渴的我们看到老师为我们准备面包和矿泉水。我们用自己的努力去换得粮食，就如同父母辛勤劳作为了填满家里的温暖一样。最后一站，校长和各位老师为我们颁发英雄勋章，小小的勋章上承载的是15千米路以来我们的汗水。我们以自己为荣，我们是年轻的代表，老师们不吝啬自己鼓励的话语，对我们说我们很棒，我们是活泼好动的一族，但我们热切地期待一份鼓励，期待每一句"你很棒"，然后我们感谢他们……

正常的上课有时很难让我们的老师这样来称赞学生，但在我们的活动中，老师由衷地称赞学生，不吝惜自己的赞誉，而且是真情实意的流露和表达，学生获得了前所未有的肯定和自信，这可能是我们设计这种自主合作体验式活动中的最大收获。

又如我们开发的大型团队体验活动，聘请专业的团队体验培训导师，学生以班级为单位确立主题，通过体验游戏等活动开展自主合作，收到了很好的效果。一位学生在活动结束后的日记中写道：

一个由细绳围成的长方形，最困难的挑战，全班55人必须全体通过而全身丝毫不碰到红绳。在开始时，教官给了我们10次机会。10次之后，每碰一次，惩罚都将落在班长身上——一次10个俯卧撑，依次叠加。然而，尚未开始，就有同学因好奇心站到花坛上或触碰绳子而违规。

9次，8次，7次……5次，不是穿越时的失误，仅是好奇下的过失！当10次免罚机会在几秒钟内锐减到5次时，我的心凉了一半，仿佛听见了静静站在一旁的班长无可奈何的叹息。显然，那些好奇的人都未曾明白他们的每一次触碰都负有沉甸甸的责任，而那些责任都担在了班长一个人身上。

在被教官大声呵斥后，我们都意识到了危险，都知晓了班长即将面对严厉的惩罚，因为在5次免罚机会下通过55人，这根本不可能！开始过人了，然而还未过3个人，便触碰了近10次！班长行动了，默默地趴下做俯卧撑，10个、20个、30个、40个、50个……数不清了，脸憋得通红，额头上满是汗水，支撑的手臂在颤抖，但班长始终咬牙坚持，没有埋怨一句。因为粗心屡次犯错，班长作为大队长，承担着所有人犯下的过错，为我们负责，而我们也承受着心灵的煎熬，皆因我们的不重细节，不负责任。

当54人都通过那个小小的长方形，班长已经累得直不起腰了，而面对"全班通过"的目标，他选择了牺牲自我，一人放弃，换54人的安全过关。但面对我们无怨无悔地承担了几百个俯卧撑的惩罚却仍顾全大局的人，我们

故事感恩　德育人生

岂能不负责任地将他舍弃。

眼眶不知何时红了，口中歇斯底里地喊着"不抛弃，不放弃"，只求一个让班长通过的机会。最终，我们将教官打动，在老师的帮助下，我班挑战成功。

在最后一项活动中，我们都深深明白，作为团队中的一员，哪怕只是一个小小的细节，我们的不负责任都会给团队的其他人造成莫大的伤害，在团队中，细节与责任同在……

学生的这种体验和收获远不是我们一般的说教和管理所能收获到的。

如重要节点设计大型体验活动助力成长，过程重于形式，感动重于说教，学生的真情体验更为有效。在重要的节点，每个学校都在设计和策划自己的德育教育活动，我们在德育教育实践中，注重了设计大型体验式德育教育活动，重新包装了一些传统的活动设计。如我们在校庆前设计的学校"双十佳"海选活动，重视评选过程，让学生在海选中学习先进，打造正能量学习氛围。改变了过去评选先进让大多数学生感觉到和自己无关的现象，人人参与，每一票对当选者都很重要，有效地弘扬了正能量。

又如"十八而志"成人礼活动，从学生孩童时代开始，体验父母的教育，老师的引导，个人的自立，通过加入少先队的重温，戴上团徽的回忆，成人宣誓的承诺，走过独木桥、跨过成人坎、越过成人墙的过程设计，让学生在回忆成长中感恩父母和师生，坚定高考信心。

中高考成功门加油活动为毕业班缓解紧张情绪，加油鼓劲；毕业班毕业礼活动为学生毕业留下圆满的、永久的记忆等等。

还如校园慈善义卖"爱心传递"体验活动。现在很多学校都在开展慈善义卖活动，很多人以募得善款的多少来评价活动的成败，尽管募得善款越多越好，但在学生中开展这种活动我们更要关注活动过程的体验。我们在实践中将校园慈善义卖定义为"爱心传递"体验活动，确立奉献与感恩的主题，见证爱心与接力的力量。每到这一刻，伴随着《爱的奉献》的歌声和旋律，校园慈善义卖"爱心传递"体验活动开始。同学们将自己购买的学习用品、书籍、毛绒玩具、美食、手工艺品、饰品、个人创作的书画作品等纷纷捐献出来义卖，传递爱心。各个班级的义卖小组为吸引"顾客"的注意，跳舞的，唱歌的，抽奖的，反串的都纷纷上场，不惜使出各种招数。金钱有价，爱心无价，所有筹集到的义卖善款都由学生代表亲自送到对口帮扶学校，完成爱心传递最后一棒。

设立"班主任活动日"体验活动，祝福与智慧的交集，拓展与合作的平台，是一个创举。学校现在设立班主任节的比较多，表达了学校对班主任工作的尊重和褒奖。我们在德育教育管理实践中认识到，通过活动体验可能更能达到开展活动的目的。我们尝试设立"班主任活动日"和"班主任高峰论坛"的形式，打造祝福与智慧的交集，拓展与合作的平台。

每年的10月30日上午7时整，原本书声琅琅的校园突然响起感恩老师的音乐，接着就是各班课室传出阵阵热烈的掌声。今天是学校"班主任活动日"！学生们给班主任制作贺卡表达衷心感谢与崇高的敬意！让所有的班主任在振奋和感动中有一种意外的惊喜，孩子们的祝福和笑脸让人好不感动！

10月30日下午，全体班主任齐聚一堂，参加班主任高峰论坛。我们制作的"今天您是主角"的宣传DV，将每个班主任点点滴滴的生活剪影汇集起来，他们可以静下心来整理自己的生活，静待花开原来这么美！每年五位优秀班主任做峰会主旨发言，凝结了优秀班主任的教育智慧，带着一股正能量，一种浪漫的教育情怀。一阵阵暖暖的诗意，让班主任的心灵经历了一次强烈的冲击，精神享受了一次美妙的洗礼。

然后是班主任团队拓展活动，非常具有吸引力，有效地凝聚了班主任的向心力。

学校通过设立班主任活动日，创新活动形式，举行班主任高峰论坛和班主任团队拓展活动，为班主任搭建专业成长的体验平台，切磋前沿观点，探讨实践中遇到问题的解决方法，摸索新策略，打造有战斗力的班主任队伍！

当然，学生社团自主体验活动是学生自主管理的需求，是学生核心素养形成的要求，是现代学生学习方式革命性变革的趋势。为丰富学生第二课堂和课余文化生活，促进学生身心健康发展，营造健康、活跃的校园文化氛围，学校都在倡导学生社团活动。这些社团活动一般是由团委、学生会牵头和组织，学生按照自愿的原则申报成立社团。经过优化和整合，成立了羽盟社、篮球社、辩论社、地理社等几十个学生社团。

社团纳新活动备受同学们的关注，参加纳新活动的同学热情高涨，寻找与自己兴趣相投的社团，向社团负责人询问相关情况。

每个社团都制作了精美的海报和宣传画，为了吸引更多的成员参与其中各显神通。不少社团报名学生远远超过了预期。社团负责人希望学生社团的开展能为学校多姿多彩的明天书写下曼妙的一笔，让全校学生能释放自己的青春活力。

不过，在活动合作中开展自主体验式德育活动也应注意一些问题：应避免有活动，有形式，无活动体验的虚化安排。必须重视对活动的细化设计，必须考虑活动小组的合作体验，必须重视活动过程环节要求，避免出现有活动无体验，为活动而活动的情况，应该对活动合作、自主体验的目的、动机、时机、参与度及过程有认真的设计和指导。应避免有体验，有内容，无活动效果的后续强化。活动的真正目的不是三分钟的感动，五分钟的热度，而是通过感性体验促使学生道德意志的坚定，进而形成符合规范、积极健康、富有创造力的行为和价值选择。所以活动结束后的效果强化和活动拓展更为重要，教师给学生以指导和激励性评价作用很大。还应避免放任自流，个体宣泄和越规逾矩的状态。中学生的好动性、好奇心都比较强，而自控性比较有限，如果放任自流、无限发泄，甚至越规逾矩，学生行为和体验就会偏离活动的初衷，所以应该对活动的规则和合作的方式进行一定规范。在这一点上教师作为组织者、引导者和合作者的作用非常关键。

德育体验是一个感情积累和不断感悟的过程。任何德育的方法都不是万能的，它与主体和对象有关。每年的学生不一样，这注定了我们永远都在路上。

真情与爱
爱与尊重

　　教育应回归生命的本真，教育需要真情流露，教育需要精心的设计。爱和尊重远比简单的批评惩罚有用，因为爱是教育的基础，尊重是孩子们自我反省的基础。

真情和爱需要理解和尊重

弹指一挥间，我耕耘在教育这片沃土中已经三十多个春秋了。个中的成功与喜悦，失败与遗憾，亦然历历在目。记忆最深刻的时光还是以班主任的角色和学生来往，这是多少金钱都买不来的一笔财富，也是一段有血有肉的美好回忆。

在做班主任的时候，爱自己的学生，真是全身心、无保留地爱，所有的人都很享受。我的一位女同事，快50岁了，一直都做班主任，做得很享受，一点都没有怨气。她是辛苦的，她也很幸福，因为在学生心目中，她是孩子们心中的依靠。

在班主任心中留下深刻印象的往往并不是最优秀的一些学生。每天起早贪黑地为学生，每天婆婆妈妈的是学生，每天教导检查的是学生，每天相处陪伴的是学生；学生融入班主任的生活之中，学生就是班主任真实的生活，学生就是班主任的理解和尊重。最初做班主任的时候，手机还叫"大哥大"，一般人是用不起的，当时的小孩没有手机玩，主要是玩电子游戏。又迎来了一批新学生，我的第一次主题班会便从"人生不是游戏"的主题开始。在班会上我用"陕普"（陕西普通话，我是陕西人）先给同学们深情地读了一首诗：

生活每天都重新开始

每个开始连成生命的轨迹

不要害怕开始

起步艰难人人都会经历

无须畏惧结束

所有的结局都是一个新的开始

光阴如梭、白驹过隙

最终我们会感到惊奇

人生如圆

终点亦是起点

付出总会得到笑颜

欠债终究要还

还是不要奢望贪婪

因为煮熟的鸭子也会飞散

人生在亲人的笑声中开始

在亲人的哭声中结束

一笑一哭尽显生命本意

不要敬畏太甚

酸辣苦甜各有其趣

能够主宰命运的永远是你自己

只有珍惜生命才能享受快意

请我们从今天做起

从小事做起

从一点一滴做起

干点对社会有用的实事

干自己该干的事

得自己应得的利

只要问心无愧也就无怨无憾珍惜生命

刚读完，我就听到一个学生在说"政治老师好文艺啊"。我在黑板上写下了我的问题："三年后，你以什么样的结果回答：问心无愧无怨无憾珍惜生命？"

我让他们写下自己的愿景，把它们放在我早已准备好的一个精致的玻璃瓶珍藏，告诉他们直到高三时再打开它。我发现，学生的表情很严肃，学生的眼睛是亮晶晶的。

这些孩子高三毕业时，我与他们共同打开已覆盖上了灰尘的玻璃瓶，我还拿出我当年和他们一起读的诗，回忆起三年的点点滴滴——我读不下去了，孩子们也又一次静了下来。我写了一封长长的信，让班长代我读完，我怕我又读不下去——

单纯干巴巴地读哪段诗，可能不会有什么感觉，但在那样的时刻，又是一个政治教师，还以那样的方式来设计，便有这样的教育效果。教育回归生命的本真，教育需要真情流露，教育需要精心的设计。

到后来有了手机，学生也带手机上学了。我带班有个习惯，一般晚饭后都会去班上查看学生的自习情况。那次走在教室后面，我看到一个孩子偷偷埋着头，手伸到课桌下玩弄手机。我走到他跟前，问他要来手机。这是一个黑黑胖胖的男孩子，眼睛高度近视，一直在班上默不作声，上课也老低着头，所以对他的情况我所知甚少。

我把他叫出来，和他一起坐在校园的花坛沿上谈话。他性格内向，进班的成绩还不错。我滔滔不绝地讲了一些大道理，他始终低着头，不说话。看来光讲道理是没有用的。我打开他看的电子书，里面竟然有些是黄色小说。我惊呆了！我决定先找来他家人谈一谈。

那天下午，办公室来了个衣衫褴褛的瘦小女人。一番交流之后，我知道了很多特别的事情。这个同学父母早已离异，父亲嗜赌成性，他们母子二人由舅舅照料、抚养。特殊的家庭情况使得该生性格内向、孤僻，不和同学交往、交流。封闭起来的他，只有在手机里找乐趣。

我在后面的班干部调整中，特别安排他当纪律委员，让他承担起一些责任，培养责任意识。我先询问他是否愿意，他点了点头。我给他打气："放开手干，老师相信你一定行！"接下来的时间，我特别留心他的一举一动。尽管有些问题我让班委会协助他工作。在学校文明班评比中，我们班获得了年级第一名。这与纪律管理是分不开的，我在班会课上对此大加褒奖。有一次课间操活动，学生做俯卧撑，我发现他裤子上有一片是脏的。我问他，怎么不及时换洗衣服，他脸很红，眼泪也流了下来，很是尴尬。我不再批评他，完全是以一个父亲的口气和他聊，我和他谈起了高中生活，谈起了他的梦想、未来，谈起了他的一些优点长处，谈起了他的家庭情况。

当谈起他的家庭情况时，他的眼里满含泪花。我知道，这是他最脆弱的地方。我小心翼翼地和他交谈，不断鼓励他要好好学习，通过自己的努力改变家人的命运，给母亲、舅舅和家人一个幸福的生活。突然，他的眼泪夺眶而出，哭了起来。

　　我一边给他递纸巾擦眼泪，一边摸摸他的头，开导他："孩子，做错了不可怕，可怕的是错误地对待。为了家人，咱也得活出个模样！"他紧咬嘴唇点了点头。我们聊了一个多小时，最后当他要回教室的时候，他咬了咬嘴唇，说："老师，谢谢你，我不会让你失望的，相信我。"

　　有天晚上，我正准备离开教室的时候，这位同学小跑出来，叫我停一下。我询问原因，他不好意思地说："老师，我觉得我这人呢，不是很能管住自己，你帮我保管这部手机吧。放寒假时再给我，好吗？我一定会好好学习，不辜负你和家人的期望。"我赞许地拍拍他的肩膀。

　　对于这些孩子们，爱和尊重远比简单的批评惩罚要有用，因为爱是教育的基础，尊重又是孩子们自我反省的基础。心中有爱，善于发现每一个孩子身上的闪光点和可爱之处，在特殊的教育节点上出现，这是作为一个老师最重要的素养。

说说真正的教育

北京大学秦春华教授说，真正的教育，是一种信仰。就像柏拉图那个著名的"洞穴之喻"所阐明的一样，它让你挣脱心灵的枷锁，实现灵魂上的自由和解放，获得重生。

真正的教育是心心相印的活动，唯独从心里发出来，才能达到心的深处。正如教育家雅斯贝尔斯说的："真正的教育是用一棵树去摇动另一棵树，用一朵云去推动另一朵云，用一个灵魂去唤醒另一个灵魂。"

真正的教育，需要思想，需要智慧，需要合乎人性成长需求的引领。比如教育教学的管理，重要的不在管，而在理。因为理念和思想，可以走进心灵，可以触动神经。管的结果就是越管越管不好，因为管的是标，管不了本。厘清楚了，抑或归真，有了方向和目标，有了主动和积极，自在的潜力转化成自为的潜力，伟大结果的可期可能就是真的教育的奇迹。

秦春华教授还说，你之所以要接受教育，接受好的教育，不是为了上更好的学校，获得更高的收入，实现更大的成功。那些东西，无法给你希望，不能教你向善，不能让你获得平静，更不能使你重生。那些不是真正的教育。对于成功者来说，它使你陶醉于不断的成功，沉迷于自我满足，被心中的虚假所欺骗，以为所有的成功都来自自己聪明的大脑和刻苦勤奋：我为什么比别人好？我为什么成功？因为我比别人付出得多。可是对于不那么成功，甚至是不成功的人来说，它会使你失望，乃至绝望，充满烦恼不平乃至恨意，它甚至会借助你的不平而诱惑你走上歧途。

约翰·杜威说，真正的教育不是为生活做准备，而是生活的本身。真正的教育，渴望宁静，渴望驻足，渴望能够长出一口气的喘息时机。我们站在讲台上的老师的辛苦和忙碌，那些坐在座位上的学生的无奈和被动，其生机的勃发或许只祈求一点宽松和自然。能不能给个机会喝口水，能不能送个人情偷偷懒。给生命以生机，给教育以真实，让生命自身成长。迎客松能从峭壁石缝中自己成长为天下第一松。稻田里的禾苗，稍稍浇浇水、施施肥真的足矣。

真正的教育，需要梦想，需要张扬。真正的教育，不在于谦虚，因为谦虚是品行，它不是教育。真正的教育，需要信任，需要理解，需要帮衬。真正的教育，不需要猜疑，不需要征服，因为猜疑和征服是伪的教育，是愕然无知的借口，是不计后果的伤害。

真正的教育，也不需要榜样，因为灵魂无须榜样，灵魂需要唤醒和呵护，灵魂各有各的境界。真正的教育，善待老师，并不需要任何恩赐和施舍，只需要必须的尊重和理解，只需要换个角度的体谅和感慨，只需要适时地松松绑。真正的教育，善待孩子，并不需要多么崇高和无私，只需要发自心底的善良，只需要不必精致的耐心，只需要多给孩子一些机会。

点亮心中快乐而又幸福的明灯

万物轮回，世事沧桑；芸芸众生，潮起潮落。生之快乐，活之幸福，在你我心中，点亮快乐而又幸福的明灯。照亮自己，温暖全身，历劫不灭。或许还会照亮和温暖每一个经过我们身边的人……

学期之初，校长提出：用心工作，快乐生活。或许潜意识中还有这样那样的托词，不以为然。漫步于校园之中，平心静气，细细品味，生活确实如此。

就像在静谧漆黑的夜幕中，一盏如豆的油灯，柔和而明亮，一定还是承载着所有人心中的期盼和遐想。工作30多年了，从遥远的大西北到千里之外的南国，几乎在学校所有的岗位都待过，能深切地感受到今天的教育现状之沉重，也切身体会到了教师工作的清苦与烦累。

教育教学工作就像一张看不见的网，紧紧地囚禁着我们的心。久而久之，累的累了，倦的倦了，厌的厌了，甚至不该去的也悄悄地去了。好多时候，心中的愿望和冲动都淹没了。浮躁的世风，不断地侵入。千变万化，物是人非，有时候连真正的自己都不认识了，只有无尽的苍茫和缭乱。

经常有人说，那个地方的教师活动搞得好，那个学校的文化氛围浓，那个教师的课上得有味道……满是钦羡之意。然后便是感叹：可惜啊，人家那里政策宽松，教师团队人心齐，素质高……仿佛与自己无关。眼前凄凄，感觉生不逢时，内心自然更冰凉。然而很多时候，我们所缺乏的，不是那些客观和现实所迫，而是内心中的一盏明灯，一盏真正照亮自己的心灯，能够让我们从茫然中寻找到前进的方向与力量，得到自己的快乐和幸福。

我们的教育，应该就是点燃自己心中的明灯，点燃学生的求知欲，激发和启迪他们去思考和探索自己的人生。作为"燃灯人"的教师，先点亮自己心中的明灯，才能更好地点亮那一双双求知的眼睛。

不要总是怨天怨地，教育重要的不仅是体制的问题、技术的问题，还是"心灵"的问题，是为师者对自身和教育的认知、情怀和感悟。现实并不都是黑暗的，冥冥中也不都是抵挡不住的诱惑，要看你的内心是否足够强大，能否驱除黑暗，能否点亮自己，因为外在的光亮总有灭的时候。

《幸福教师的五项修炼——禅里的教育》有段话说得好："我们至少应当关注自己的内心脉动，关注自己的精神走向，关注自己所从事的事业，关注自己所面对的那一张张面孔，那一双双眼睛，那一个个花朵般娇嫩、始终渴望向上的孩子——他们承负着可能美好的希望。"

在我们的学校，越来越多的社会束缚和重复琐碎的事务，缠绕着我们每个人，或如捆缚心灵的丝线，令人感到厌倦和恐惧。于是乎，许多人就逐渐失去了拯救和解放自己心灵的意识，不愿意主动寻找潜藏在内心的快乐和幸福，心中的领地在繁复的工作中沦陷，不经意中就选择了麻木行走，接受了痛苦和迷茫，甚至不想未来，一时有乐和，就很满足了，哪里还谈什么追求！

记得有一位中科院院士说过，对知识分子最好的管理，就是给他自由。当然没有绝对的自由了，但内心的自由，心境的宽松，思想的迸发，追求的无垠，不就是自由，不就是快乐和幸福吗？再给我们更多可以自由支配的空间，奇迹真的会发生，我们最不应该的就是放弃努力！

还有人说，对人生意义和美好时光珍视的最好教育，就是参加追悼会和探访肿瘤病房！或许你会由衷地感叹，人的生命如此短暂，教育生涯却那么漫长。或许你会数着日子，等待放学，等待放假，等待退休。或许在这个时候，在生死之间对人的震撼才是真正触动心灵的。

好好活着，快乐而又幸福。这是我们每个人心里的一盏灯，关键是我们能否保持清醒的自觉，无限地在内心寻求自我的强大和满足。学会喜欢自己，接受自己，完善自己，其实就是真正地成全自己！

让自己的心灵始终处于丰盈、温暖、光亮的状态，在照亮自我生命的同时，更好地将学生的生命点燃。帕克·帕尔默在《教学勇气》中这样说：我

真情与爱　爱与尊重

们做好工作的能力源于对"我们自己是谁"的认识。

其实，认识自己是谁的过程，就是点亮自己心中明灯的过程。学校中，每个教师都是同事的镜子，每个人都有他特有的魅力和风采，我们用美好的眼光去发现，美不胜收，喜不自禁！

彼此欣赏，各自慎独，眼界开阔，心底无私，不要保留，让我们每个人都风姿绰约。不要怕别人和自己穿的衣服一样，身子骨永远是自己的，谁也最终成不了谁。这是因为，我们每个人，都是世界原创的生命。

我们，教师，一生一世，都需要点亮一盏心中的明灯，快乐而又幸福，照亮自己的人生，照亮身边的孩子。

虽不能至，然心向往之

——聆听李希贵校长"危机的学校与繁荣的教育"报告之启迪

当我们面对今天的喧嚣与浮躁，心中充满怨言与感到手足无措时，李希贵校长却能始终直面教育中的问题，并从问题入手思考教育改革的对策，追求学生潜能的唤醒与主体性的彰显，追求教师主体性的尊崇与张扬，实现学校的个性化发展，给我们今天如何做好教育以深深的启迪，叹曰：高山仰止，虽不能至，然心向往之。

启迪一：李希贵校长"Wi-Fi时代学校的围墙已经坍塌"的判断，冲击的不仅仅是人们的思想观念，甚至是我们教育教学的裂变和职业生存的危机。我们需要在爱与被爱中提升生命质量，方可获得职业上的浴火重生。

课堂完成不了的学生自主展示，应该"放在广阔的空间里去实现"；要了解学生的空间语言，"老师要重新学习表达空间的语言"；要关注学生的内心体验和感受，学校要"建造学生的物理空间"……这一系列问题的提出和探索告诉我们，学校的围墙已经坍塌，教育应该拓展空间，如果把在教室里解决不了的难题搬到网上，甚至放在"爱云校"APP里，放在班级圈里，每一个学生的展示都被分享，每一个学生都去点赞，活动就会在一个广阔的空间里去实现。

李希贵校长勇敢地直面多元价值碰撞下的教育教学窘境，分析了当前教学管理在网络时代传播知识的困境，并为我们指出个性化的教学管理策略，为徘徊和迷茫中的我们拨清迷雾，指明了前进的方向。教师必须学会把线下的表达方式搬到线上向学生表达，去和网络的原住民们（我们的孩子）接触，向他们学习。当我们无法满足学生自主展示的意愿时，是否也有这样的思考和关爱呢？

凡心所向，素履所往。教师和学生在大厅里谈心，学生是很难敞开心扉的。一些点滴不经意的小事件，李希贵校长都能细致地观察到，这真是在考量着每一个教育者的教育情怀。这种博大的情怀归结为一个字——爱，爱之切，情之深。康德说过，爱是道德的，也是幸福的。全部教育的本质源自爱，离开爱，教育则荡然无存。"当学生面对百度的时候，他就面对了一位全科老师，跟随教师学习已经不是学生获取知识的唯一途径。如果教师还是当知识的搬运工，还是仅仅教给学生知识，那么现在的学生已经不需要了。"李希贵校长之忧虑，丹心可鉴。这个时代，我们可能真的要接受事实上的失业，这一天已经到来。我们需要拥有爱，懂得爱，付出爱！我们需要在爱与被爱中提升生命质量，方可获得职业上的浴火重生。

启迪二：李希贵校长"在与学生建立的连接中，调整学校管理措施"的认识。这个直白的问题带动了我们脆弱的反思，其实，不需要太多的理论。"连接"是对学生需求的尊重，更是对学生成长的个别呵护和关爱。

静坐讲堂一隅，聆听智者的独白，京城的繁华和喧嚣远了，自己内心的浑沌和纠结轻了。李希贵校长看似轻描淡写的陈述，在慢慢地挖掘着学生的潜能。学生本身的生产力是无限的宝藏，教师解决问题的能力一旦和有需要的学生产生新的连接，课堂教学中的生产力就会爆发。十一学校取消了班主任，甚至从九年级开始，不再为学生固定导师。李校长希望让学生能够更加方便地去跟供方（教师）连接。

这种不留痕迹的教育（连接）是最好的教育，学生自然流露出的行为显示了他们真实的性格。我们为学生，也为教师建立了多少这样的"连接"呢？反思我们的教育教学管理，有时甚至会产生莫名的愧疚感。教育不仅美丽，教育还被赋予了一种凝重的责任，我们任重而道远！

连接会自然发展，但是更需要设计，我们的教育也需要设计。我们更多的是学科备课，而他们却把很多东西放在自助区，让学生们自选，潜移默化。"连接"之用心，"连接"之探索，跃然纸上。

苏霍姆林斯基说过："如果你想让教师的劳动能够给教师一些乐趣，

使之天天上课不致变成一种单调乏味的义务，那你就应当引导每一位教师走上从事研究的这条幸福的道路上来。"其实，我们不缺乏先进的教学理念，不缺乏具体的管理技能，我们欠缺的是交流、研究的平台和前沿理论的学习与探索。正如苏霍姆林斯基说的："人的心灵深处，都有一种根深蒂固的需要，这就是希望感觉自己是发现者、研究者和探索者。"

启迪三：李希贵校长提出教师要学会指导"独唱"和"交响乐"，看似传统的观点，实际上是出于对学生的个性化需求愈来愈大的忧虑；是出于师生知识的等距离让教师角色不断迷失的困惑；是出于对教师和学校丧失了传统的教育权威的思考。

李希贵校长讲到我们大多数人都遇到过的情况，过去，一个教师发现某个学生有三次没交作业，交给班主任；语文老师发现这个学生始终改不了书写潦草的习惯，交给班主任。现在交不出去了，没有班主任。因此，教师们必须用心、真切地了解学生的需要，分析背后的原因，跟家长接触，了解他和同伴的关系。十一学校老师的工作量更多增加在育人环节，而不是教书上。

长期以来，我们内心纠结：教学抓得过了影响德育，德育活动多了影响教学。我们没有想清楚学科在育人上的至高作用。现在，我们认为它们就是同一个事物，德育就在学科里，当它单独在外面的时候，它是短命的。十一中学取消了班主任，要求每个教师担当起育人的责任。十一中学甚至取消固定的行政班级，推行选课走班，而我们却迈不开往前走的步子。

十一学校的教师要从指挥大合唱，到辅导独唱，再到指挥交响乐。交响乐完全不一样，每个学生使用着不同的乐器，有着不一样的优势，在不同的空间里发出不同的声音。

短暂而紧张的两天学习，结束了一段文化心旅。记得康德说："在这个世界上，唯有两样东西深深地震撼着我们的心灵：一是我们头顶上的灿烂星空，一是我们内心的崇高道德。"一个教育工作者确实需要有坚定的信念和高尚的情怀，李希贵校长不竭教育情怀的真谛也许就在此吧。我们必须仰望星空，必须规范自我内心的道德律。

李希贵校长不息的教育情怀，爱在路上！李希贵校长超前的教育理念，梦想成真！有梦的人生是幸福且充实的人生，有梦的人生是幸福且快乐的人生。对于每一个心中有梦的教育工作者来说，教育不是牺牲，而是享受；教育不是重复，而是创造；教育不是谋生的手段，而是生活本身。我们的一生不一定要干成什么惊天动地的伟业，但它应当犹如百合，展开是一朵花，凝聚成一枚果；它应当犹如星辰，远望像一盏灯，近看是一团火，在"照亮"学生的过程中，同时也"照亮"自己。

北京之行，真正体会了名师的魅力，同行的精彩和感悟，让我认识到，自己应如先哲苏格拉底一样，先自知其无知，行方思远也。一直以来我犹如一个舞者，努力于高高在上的管理制度和教书育人之间寻求一个支点，维持一种平衡。一堂堂精彩的讲座，让我蓦然发现：自己只是脚踏实地地坚守责任，却湮灭了仰望星空的梦想；自己只有一份独自为乐的担当，却消磨了曾经逍遥的梦想。经由这次聆听，我欣喜发现，自己曾经的激情和梦想在漫漫地荡漾。

既然我们当初选择了教书育人，就应该无怨无悔。即使岁月更迭，即使白霜染鬓，我们只有风雨兼程，以海纳百川和熔炼百家的胸怀博采众长，以宁静沉思和执着追问的韧劲提升自我竞争力，以从容儒雅的姿态面对一切。

冷静真实
课道之美

课大于天，教师本职，学生福分；冷静
清醒，朴素真实，寓教于乐；课道之美，在
于追求，在于探究，在于反思，在于寻道。

对"优质课堂热"的冷静思考与愿景描摹

学有所获、学有所乐、学有所用；教有所思、教有所悦、教有所成。真实、高效、和谐、体验和有张力的课堂，应该是教学相长之美好愿景。

在优质课堂如火如荼的研究与改革实践中，各种优质课堂的教学设计比赛和说课、讲课比武纷至沓来，名目繁多。纵观如今的优质课堂的展示，其节奏之快，参与之众，容量之大，设计之奇，真是八仙过海，各显神通，着实让教师们眼花缭乱，目不暇接。热闹之余，冷静思考，优质课堂是否让学生们学有所获、学有所乐、学有所用？是否让教师们教有所思、教有所悦、教有所成？优质课堂的真实与和谐，应该是师生共同向往的愿景。笔者谨对优质课堂的愿景描摹如下。

愿景一：慢——静待花开，潜移默化；从容不迫，好事多磨。

春秋时期，齐国著名的政治家管仲在《管子·权修》中说："一年之计，莫如树谷；十年之计，莫如树木；终身之计，莫如树人。"简曰"十年树木，百年树人"。可见古人就认为，培养人是一辈子的事，要做长远打算，教育是一项慢工细活，是一项不能立竿见影的工程。

优质课堂也要讲究慢，这里的慢，是相对的慢，不是绝对的慢；是在快节奏中的慢，不是机械的慢；是在需要慢的时候的慢，不是拖拉的慢，不是无知的慢，也不是低效的慢。这是因为，在慢中可以发现学生的闪光点，在慢中可以洞悉学生存在的问题，在慢中可以弥补教学中的不足，在慢中可以改正教学中的错误和过失。

优质课堂中的教师和学生，应该是从容不迫，好事多磨的。苏霍姆林斯基说过：对一个学生来说，五分是成功的标志，而对另一个学生来说，三分就是了不起的成就。人的成长有其内在规律，而且因人而异，因时而异，正视这个差异，教育才会瓜熟蒂落、水到渠成；无视这个差异，便会揠苗助长，欲速则不达。

课堂教学中学生对知识与技能的学习速度、智慧与情感的成长速度，皆应符合其心智的自然发展规律。智慧需要沉淀，思维需要锻炼，任何能力都不可能一蹴而就。倘若学生在课堂教学中的各个环节像过电影似的一幕又一幕，很容易导致其思考的肤浅，而且可能形成粗心大意、急于求成、囫囵吞枣等不良学习风气与习惯，结果就是有速度无成效。

课堂教学中教师也不能追求速度，一些年轻教师语速太快，口若悬河，殊不知这样会让学生听得辛苦迷乱，思维缺乏呼吸成长的空间，貌似高效，实则低效，会让学生麻木疲惫；一些年长的教师尽管对相关重难点知识了如指掌，在给学生讲解之时可能游刃有余，但往往会忽视学生的领悟能力与速度，固然适合了少数悟性较好的学生，但却大大缩小了上课的受众面。

让我们的课堂在慢慢流淌中成就优质，知识慢慢积累，智慧渐渐激发。"精诚所至，金石为开"，在不慌不乱、不紧不慢中倾力挖掘课堂之最大功效。一方面，优质课堂的教学过程比结果更重要，让知识与技能、情感态度与价值观在课堂教学过程中充分伸展；另一方面，优质课堂的教学重在把握能力，有些时候，课堂教学中容易出现赶进度的现象，也容易出现前松后紧、虎头蛇尾的现象，优质课堂便成了一句空话。让课堂有条不紊，让进度松弛有度，一切尽在教师们的把握中。

优质课堂中的教师和学生，应该让静待花开、潜移默化溢满心境。静待花开、潜移默化是对教育的一种责任担当，是一种教学的境界，是一种平静的力量，是一种信念的坚守，更是一种智慧和底蕴带给教育的宽阔。

愿景二：静——静而后能安，安而后能定，定而后能悟，悟而后能得。

我们所观摩到的众多优质课堂，用足了多媒体手段，用足了鲜活的时政背景，又唱又说又有欢笑，可谓热热闹闹。倘若仔细反思，实在高兴不起来。如此兴高采烈的课堂，有何了悟？有何获得？

优质课堂中的静，不是单纯的静，不是无声无息、死气沉沉的静，是相

65

对的静，是不浮躁的静，是深入思考的静，是自悟自醒的静，是动中有静，是一种选择，是一种追求，更是一种成长和进步。

课堂气氛热闹，生动活泼，确实也需要。但是，知识与素养是需要沉下心来，以宁静的方式沉淀的。如果只是追求形式上的欢快，那与娱乐节目便无分别。课堂有它的使命，需要尽力完成，不能一味地哄闹取悦。在课堂之上，应该追求禅学的境界："人，静而后能安，安而后能定，定而后能悟，悟而后能得。"在宁静素朴、诗意高雅的知识殿堂上，课堂参与者的心智才能真实成长。

宁静治学是一种境界，优质课堂不能肤浅地追求太强的娱乐性，应该赋予其思维时的静谧感，聆听时的专注感，对话时的真诚感。一方面，优质课堂要动静结合，提高思维、聆听、对话的品质，显示出师生双方的精神境界与追求，让精神上的火花能够在宁静中灿烂闪现，适当的活跃是课堂的点缀，是生命活力的迸发，有利于活化思维，正如"蝉噪林逾静，鸟鸣山更幽"；另一方面，优质课堂需要洗刷心灵的浮躁，心灵若被功名利禄、急功近利蒙蔽，是难以享受到宁静之美，也难以在诗意的宁静中获得心灵成长的。

愿景三：畅——畅所欲言，敞开心扉；生命对话，酣畅淋漓。

如果我们的优质课堂上能呈现出畅所欲言、敞开心扉的景象，很随性，不拘谨；很敞亮，不虚假；很活跃，不沉默。激发起师生之间、生生之间的智慧需求的欲望，那么生命对话就能活灵活现于眼前，才会使学生感受到新意和幻彩，感受到活力和激情，感受到生机和奔放，优质课堂的生命力才会真正地实现。

优质课堂中的"畅"，不是随心肤浅的"畅"，不是嘻嘻哈哈八卦似的"畅"，是师生心灵上的渴望，是对生命的真正敬重。"畅"是一种理性、关爱和民主，是一种沟通、交流和提高，是一种批判、学习和取舍，是一种鼓励、欣赏和赞美，是一种生机勃发的对话，是一种质感，一种张力，一片蓝天，是生命中酣畅淋漓的优质体验。

学生的思维在畅所欲言、敞开心扉的对话中，才会豁然开朗，"柳暗花明又一村"。和学生一起在课堂上聊聊知识，侃侃生活，碰撞智慧，好不惬意。我们都很害怕的课堂场景是：教师一个人站在讲台上，费劲地唱着"独角戏"，学生在讲台下面，吃力地咀嚼不好下咽的知识。教师一个人就那么孤零零地讲着课，多无气场！一堆学生无精打采、鸦雀无声，多无活力！

对话课堂的真谛应该是生命对话。不应该俗套，不应该功利，应走进学生的心底。如果没有学生敞开心扉，畅所欲言，即便是再理性的学情分析，再迫切的教育需求，也只是一厢情愿，孤掌难鸣。到学生的内心去，搭起对话的舞台，变课堂为学堂，变问答为交际，变倾听为参与，变观众为演员，变沉闷为开放，变紧张为轻松，没有师生之分，没有优差之界。入神地阅读，专注地思考，认真地倾听，及时地梳理，大胆地表露，礼貌地交谈，激烈地辩论……不留遗憾，不会意犹未尽。唯有如此，知识与技能、过程与方法、情感态度与价值观三个维度的课堂教学目标才能真正落实，课堂教学的工具性和人文性才能真正扎根。

在课堂上要畅所欲言，敞开心扉，实现生命对话，酣畅淋漓，需要师生倾注真诚，群策群力。第一，师生双方共同制定"畅"之规则。"无规矩不成方圆"，有个对话规则作为课堂纪律的约束，会避免乱起哄、低俗语、无主题等不良现象。第二，适时适度调控课堂。作为课堂的主导者，应该有导演风范，宏观主导课堂，让课堂"形散而神不散"，更为高效地在畅快中完成教学任务，促进学生综合素质的提高。第三，培养对话素养和技巧。一般的对话都有素养和技巧方面的基本要求，课堂上的对话应该有更高的要求和追求。我们要把课堂当成培养演讲、辩论能力的好阵地，在娓娓而谈或唇枪舌剑中开阔视野、树立自信、锻炼勇气、增长智慧。第四，充分的"畅"之准备。"凡事预则立，不预则废"，课堂对话当然需要师生双方做好必要的思考、话题、素材等方面的准备，以此避免"无稽之谈"。一寸光阴一寸金，课堂时间尤其宝贵。课堂之"畅"，毕竟是一种手段，必定要实现一定的目标，完成一定的任务，因此需要师生为课堂对话充分准备。

愿景四：启——启迪思维，唤醒灵魂，播种希望，成就幸福。

优质课堂的使命，是教育出和谐、快乐、全面且持续发展的人。在优质课堂教学中，课堂应该传递人文精神，师生应当充满人文关怀。关爱是走向彼此心灵的通道，教师要懂得学生的深切期望，关爱学生；学生要理解教师的含辛茹苦，尊师感恩。

优质课堂的启，不单单是对知识的启发，对试题的点拨，对技巧的辅导，更为重要的是启迪思维，教是为了不教，让学生自主学习，创新学习；是唤醒灵魂，让情感态度和价值观的更高要求得到落实，塑造出人格和谐、精神愉快的人；是播种希望，为成长期的学生树立自信，找到前行的方向；是成就幸福，实现教师的真正价值和人生意义，让自己在幸福中教育教学，更让学生在幸福中学习成长。

优质课堂就是要深深地唤起生命的觉醒，就像雅斯贝尔斯在《什么是教育》中指出的那样："教育的本质意味着：一棵树摇动另一棵树，一朵云推动另一朵云，一个灵魂唤醒另一个灵魂。"美国教育家克莱德·E.柯伦也说过："教育面对的是沉甸甸的生命和灵魂，它需要教育者寻找一种神奇的力量，使他们唤醒自己，也唤醒他们接触的人。"作为"灵魂的工程师"，不能满足于教给学生一些冰冷生硬的知识，而要启迪学生，学会学习、学会合作、学会思考和创造，更重要的是学会生活、学会快乐、学会幸福。正可谓播种希望，成就幸福。

课堂的第一目的不是培养学习的技能、竞争的技能，而是提高生命的质量。课堂目标是多层次的，最低层次是传道授业解惑；较高层次是培养出优秀人才；最高层次则是启迪思维，唤醒灵魂，播种希望，成就幸福。优质课堂教学坚持系统优化的原则，追求三层目标的综合实现。一方面，我们树立正确的课堂目标观念，以明确的课堂目标为指引进行备课与教学，纠正学生的单一课堂目标观念。学生对课堂的理解会较为肤浅一些，课堂期望也可能不高，我们要不断提高学生对课堂的期望值，让他们能够因为高期望值而在课堂中收获更多。另一方面，教师要博闻强记，学高为师。多元课堂目标的实现，必然要求教师不断加强自身的修养，不断与时俱进。一个关注思维成长、灵魂馨香、希望实现、幸福生活的教师，自然而然地会在课堂上传播他的远见卓识与人文精神，共同分享、相互切磋、春风化雨、潜移默化地实现着最高层次的课堂目标。

优质课堂理应"百花齐放，百家争鸣"，正如我们每个人的生命是独一无二，各自精彩一般。我们作为教育者，对于优质课堂的教学应怀有美好的愿望和坚定的信念，正如西方的一位哲人的感慨："喷泉的高度不会超过它的源头，一个人的事业也是这样，他的成就绝不会超过自己的信念。"那么，我们应该首先树立优质课堂的愿景高度，然后躬身践行。

冷静真实 课道之美

取法乎上，得乎其中

——教师自省之高效课堂

　　孔子有言："吾未见能见其过而内自讼者也。"（《论语·公冶长》）这里的"内自讼"即内心自责，自我反省。孔子已将"自省"作为中国儒家教育思想的重要内容和方法，但在我们的教育实践中，仍有相当多的教师缺乏必要的教学自省，以至于教育教学上的任何改革都受缚于层层藩篱，举步维艰。现如今实践的高效课堂，更多地需要教师不断地自省，不断地完善自己，不断地审视自己的教学行为，不断地提升自己的自省力，不断地提升教育教学技能，以适应教育迅速发展的需求。

一、不找托词，端正自省态度

　　推行高效课堂，总是有一些人在找托词，什么高考制度不改，高效课堂便无市场等等，借口体制之弊漠视课堂改革。这实质上是未全然明白高效课堂的真义；惧怕改革创新，乃固有惰性和守旧思想使然。

　　促进高效课堂需要提升教师在教学上的自省能力。自省是一种对自我的反省，是对自我知识、视野、思想、行为、思维方式和道德修养的反省。自省的过程需要克服狭隘的偏见与内心的煎熬，通过内心深处的异化过程，达成对外部世界和社会的跟进与适应。主动自省则是更高境界的自省，是一种积极的存在方式和行为习惯，达成了精神上的自觉。

　　只有我们的教师抱有这种自省的态度，有自省的精神和行动，并且真正地沉下心来，正视高效课堂，高效课堂才算得到了初步的认同。对于高效课堂以及任何教育教学方面的改革，我们理应从态度上正视现实，从态度上认同趋势，才能真正做到与时俱进。任何借口，都会让我们落后于时代的发展，成为时代的局外人。

二、开阔视野，激发自省需求

目前，众多学校都在积极开展高效课堂，已经产生了一些成功课例和模式。我们有必要走出校园，虚心向开展高效课堂的兄弟学校"取经"，切莫做"井底之蛙"。所谓"天外有天，人外有人"，一语点中封闭自守、孤陋寡闻的弊端。因此，在我们自己所从教的学校之外，有很多发展良好的学校，有很多非常优秀的教师，值得我们借鉴、交流。我们应该看见他们的亮点。

视界的开阔离不开阅读，丰富的阅读足以提高我们思想的高度和精神的境界，扎实的理论必然会更有成效地指导我们的教学实践。书籍作为人类进步的阶梯，其作用无法替代，它可以更大限度地打开我们的视野，让我们更全面、更多维地了解高效课堂的理论研究与实践成果。认真地研究几十本高效课堂的书籍，在理论学习中自省，无疑是非常必要、非常有用的，这一点也正是我们很多教师最缺乏的。在这个浮躁的时代，能利用课余时间读些书，我们自省的思考能力会得到质的提高。

当我们了解了其他学校的想法、做法，了解了理论前沿的理念与方法，我们便会有更强烈的愿望去深入研究和实践高效课堂。如果把高效课堂比作一口井，希望我们能够深挖，挖出一口深井。

三、深入实践，完善自省认识

高效课堂决不能停留在认识上，务必落实在实践中，通过实践检验和完善初步成果。要特别反省的是，我们大多数时候把高效课堂仅仅当成了一两次的尝试或者"作秀"，很难坚持实践高效课堂的种种理念与方法。因为实践不充分，认识上必然肤浅。我们要坚持"实践—认识—再实践—再认识……"的不断循环，不断地自省和提升认识；对于何为"高效"，才能有一个深刻的体验和思考。

冷静真实　课道之美

高效课堂的教学经验从哪里来？源于实践。我们要实现对高效课堂"感性认识—理性认识—实践"的三级跳跃，就必须立足于实践，实践即为根本途径。要自觉地在自己的课堂教学实践中不断地尝试，才能明晰思想认识，"纸上得来终觉浅，绝知此事要躬行"，深入实践高效课堂，我们缺乏这种自觉和自省。

实践高效课堂必然还要与学生达成一致，取得学生的全力配合。什么才能成为"诱饵"，让学生心甘情愿地支持教师坚持这一教学改革？让学生获得高效的真实体验和收益。"告诉我的我会忘记，给我看的我会记住，让我参与的我会理解。"亚里士多德的话启示我们，让学生参与进来对于学生的意义。用高效的体验来激励学生，用高效的成果来奖励学生，学生品尝到甜头了，一定不会置高效课堂的种种要求于不闻、不理、不顾。

孔子在《礼记·学记》中说："学然后知不足，教然后知困。知不足，然后能自反也；知困，然后能自强也。故曰：教学相长也。"高效课堂实践过程中的种种遗憾，将是课堂改革的出路。我们需要把这种遗憾当作宝贵的研究对象，寻找解决的路径和方法，不断完善课堂改革的成效。

四、记录随感，积累自省灵感

思想的火花恰如夜空中一闪而过的流星，如果不及时记录，就可能与之永别，悔恨莫及。关于高效课堂的种种见闻、教学体会和思想成果，我们都应认真记录，形成一种良好的记录习惯。借助现代信息技术的发展，我们的记录平台种类繁多。电脑本身就是一个非常适用的记录平台，有利于我们随时增加、修改、删除、整理、保存。如果想让自己的所思所想与他人共享、相互交流，空间、微博、博客、电子邮件等等都是非常好的途径。暂时不愿公开出来的，可以运用相关工具隐藏起来。这种记录会使自己的灵感在自省中产生实际的教学生产力。

实际上，我们更需要传统的记录方式，因为使用的频率可以更高，能够做到随时随地。需要注意的是，切勿凌乱，切记爱惜。如果我们能够整齐书写，认真记录随感，坚持一段时间，必然会有很大的收获。这是我们进行教研工作的第一手资料，弥足珍贵。

再多花些心思优化一下记录方式，比如，分类记录，听课记录，教学随笔、读书笔记，这是最基本的分类。还有灵妙一些的，他山之石（取经所得），我思我想（成熟一些的），突发奇想（刹那间的）；教学类，教育类，心理类，管理类，专业成长类；学法，教法；课内，课外等等。根据自己的特点，用适合自己的方式记录，便是最好的选择。困难之处在于，我们能否在自省中坚持，能否在自省中提高。"聚沙成塔，集腋成裘"，懂得坚持，才会有更大的收获，才有可能成就自我，成为真正意义上的潜心教育、刻苦钻研的研究型教育行家。

五、撰写论文，提升自省成果

在教师成长的道路上，唯有不断地自我实现、自我肯定，才能真正满足和安慰心灵的需要。大多数的教师，更在意自身的不断进步，希望有更大的舞台展现自我才能。推展高效课堂，需要理论指导，更需要理论成果来进一步刷新理论、指导实践。那么在我们实践高效课堂的过程中，当我们的所思所想所悟积累到一定程度时，就应该进行一次理论提升，经过深思熟虑，把零散的、朴素的想法变成系统化、理论化的论文。然后，进行反复修改，相信会成为一篇篇具有真知灼见的好论文。

论文的灵魂是思想，所以，我们修改论文的核心是修改思想。对于高效课堂，倘若能够有自己真实而独到的见解，这对于论文而言，已经成功了一大半。其次是结构，好论文讲究章法结构，故我们需要学习和摸索各类论文的撰写技巧。如果我们能够摸索到三五技巧，写论文的成效必然会提高一大截。对于好的论文，我们应该积极投稿，以求在更大范围内共享自省成果。这种更高层次的喜悦和欣慰，会激励我们更长久地进行高效课堂的研究与实践。

孔子曰："取乎其上，得乎其中；取乎其中，得乎其下；取乎其下，则无所得矣。"我们需要坚持"取法乎上，得乎其中"，时刻提醒自己——志存高远，尽善尽美；时刻鞭策自己——谦虚谨慎，脚踏实地；时刻要求自己——一日三省，精益求精。唯其如此，我们才能将自我塑造成一个更加美好的人，"学高为师，身正为范"，给学生更满意的课堂、更有力的教育吧！

高效课堂微观指向的思考

明白、明确、明了，这是做好任何事情的前提。要想实现课堂的高效，在备课时要明确几个问题。

教学体系要明确。所谓教学体系要明确，是指作为教师，在教学之前必须明确一册书的重点、难点，一个章节的重点、难点，一个课时的重点、难点。分析教学内容的主要任务之一就是沟通知识间的联系，建立合理的知识结构。具体做法可以从纵和横两方面对教材体系进行分析和整合。

所谓纵的方面，就是知识的纵向联系。在这条线上，基本的概念、法则、原理是线上的中心环节，抓住中心环节，整条线就可以带动起来。所谓横的方面，就是把教材中具有横向联系或互逆关系的知识，调整编排在一起，形成互相关联的知识块。

教学目标要明确。教学目标是课堂教学的出发点和回归点，教学目标的制定是否准确、清晰，不仅影响着教学过程的展开，很大程度上也牵制了最终的学习效果。教学目标对整个教学过程有导向、激励、评价的功能。教学的成败很大程度取决于教学目标是否准确、具体、全面，要求是否适度。

因此，要为每课时、每单元制定明确的教学目标，要求学生掌握什么知识，对于一堂课究竟要解决什么问题、教给学生什么、达到什么要求，这一切教师必须了然于胸。

教学结果要明确。课堂教学的有效性表现是多方面的，既有教师方面的特征，也有学生方面的特征，但就有效性教学的核心内涵而言，在于教育教学目标的达成度。较高的目标达成度可以满足教师和学生的成就感，激发学生继续学习的热情和积极性。

作为教师，必须能够预见教学的结果。对自己本堂课教学目标的定位、教学内容的取舍、教学环节的设计等，究竟能够达成怎样的效果必须"心知肚明"。只有这样，才会把握习题的重点、学生的认知与问题的方向。

在明确了所做的事情是正确的前提下，那接下来的任务便是正确地做事。要想保证课堂的高效，必须要在教学内容、程序、方法上正确，这也是基本的科学要求。

上课内容要正确。要想课堂教学高效，首先应该做到教学内容正确，即教学内容取舍要正确、教学内容定位要准确、教学内容教学要正确。

要明确上课内容是什么、有什么、怎么样；要明确哪些属于知识、技能、情感，哪些需要理解、掌握、运用。

上课程序要正确。众所周知，课堂教学的时间是有限的，要实现用最少的时间使学生获得最大的进步与发展，必须使课堂教学流程正确，即不但设计教学流程要正确，而且调控教学流程也要正确。教学流程由许多环节组成，环节互相关联，有着一定的先后次序。

环节可以预设，但课堂教学如果一味地按照固定环节进行，不考虑动态的变化，那么必定落入僵化、机械、沉闷的泥潭。教学流程进度必须纳入鲜活的学情、灵活的因素，随机进行调控。遇到一些特殊问题，教师就要及时采取巧妙的应急措施，调控课堂教学向着有利于学生发展的方向纵深推进。但同时也应特别防止有些教师创设的问题情境复杂、牵强附会，学生不能捕捉有效的信息，致使课堂教学流程舒缓有余而紧凑不足、教学效果不高的现象。

上课方法要正确。选择不同的教学方法就会产生不同的教学效果。教师应根据教学内容与学生的具体实际，恰当选择和运用教学方法，以使所采用的方法发挥最大的作用。同时，要正确地运用教学方法。我们要善于运用方法中的长处，并善于灵活运用多种教学方法进行教学。当然，也不是采用的方法越多越好，教学方法的使用要受到教学目标、教学内容、教师素质、学生特点、教学环境、时间和设备条件的制约。

随着新课改的深入，新理念要求课程在教学中生成，教材内容不等于教学内容，大量贴近生活的课程资源都应成为教学内容，因此，实践法、观察法、对话法、学生体验表白法、游戏法都是大家关注的。

我们每次上过课或听过课后总会有这样的感慨或困惑，课堂气氛尚好，但学生的课堂参与率太低了。主动参与课堂的总是那几个学生，其他的只不过起了个配角作用而被课堂边缘化了……这样的课堂又有什么高效可谈？高效课堂理念是让每一个学生都学得好，这就必须想办法让这些边缘化的孩子参与到课堂上来，那么怎样让他们积极参与呢？

了解内容是前提。要让学生真正参与到学习过程中来，就得先让学生和文本充分对话。

小组合作是基础。在引导学生参与学习的过程中，要想让每个学生真正参与，就要发挥学习小组的优势和作用。

展示交流是关键。要使学生真正参与到学习过程中来，还要注意及时让学生展示自己的学习成果，给学生展示自我的机会。

实践证明，课堂教学手段多样，学生听课才不会感到累，学生的思维才会积极运转。如课堂提问，根据对问题回答的要求不同可分为判别类问题、描述类问题、探索类问题、发散类问题。课堂教学举例可以采用叙述故事、列举数据、旁征博引、虚构假设；课堂小结可以灵活运用首尾呼应、画龙点睛、相对完整、回味无穷等。在教学中，丰富教学环节更有助于学生经历学习的过程，使课堂达到高效。有些教师上课除了导入新课与课后小结，中间便只有一个环节或一问一答，整个课堂流程是直线的，而不是链状的、串珠式的。面对这一问题教师的上课实操成为关键。

讲解要透彻。许多教师的上课只是浮光掠影、蜻蜓点水、轻描淡写，而不善于抓住一点，挖出一片；拔出萝卜，带起泥土；将道理讲透，让学生掌握技能。在教学中我们应坚持宁深勿广、宁精勿滥、宁缺勿全的原则，切勿走马观花、面面俱到。

示范要到位。有些教师在课堂教学中往往通过举例来进行示范，希望学生在教师的示范下能够掌握相关的方法与技能。既然是示范，那么就应该示范得正确、示范得到位、示范得能使人掌握。

操练要彻底。凡上课时的每一次提问、每一次练习，我们不搞则已，一搞就要搞到底，切不可浅尝辄止、模棱两可。

总之，高效课堂既是一种教学理念，也是一种价值追求，更是一种实践模式，将会引起我们更多的思考、更多的关注；但不管怎样，如要实现课堂教学的高效，需要我们不断地进行探索和研讨。

"五问"一堂好课

一堂好课的标准，每个人的心中都不一样。事实上，大多数人都是凭自己的感觉来评价。

一些学校，包括教学研究部门设计了很多的评价体系，包括多级指标，比较系统，也比较详尽。我看这些标准，好像要达到好课的标准，基本上要好到无法挑剔的程度，真是难为一线的教师了。

第一问，一堂课对学生的学习有没有意义。我们要看他是否学到了新的知识；他的能力是否得到了锻炼；他在这个过程中有没有良好的、积极的情感体验，使他产生更进一步学习的强烈的要求；尤其是在这个过程中，他是否会越来越主动地投入到学习中去。这样学习，学生会学到新东西。学生上课，"进来以前和出去的时候是不是有了变化"，没有变化就没有意义。如果说一切都很顺，教师讲的东西学生都知道了，那你何必再上这个课呢？我觉得课上得有没有意义，是一堂好课最基本的评价标准，否则，就是浪费青春和生命，这样说一点都不过分。人生天地之间，若白驹过隙，忽然而已。若用这样的心态来对待一堂课的意义，则这堂课一定是深思熟虑的课。

第二问，一堂课到底有没有效率。效率，是指成本一定的情况下，效果与时间的比值，或者，时间一定的情况下，效果与成本的比值。现实中，情况总要比数学的公式更复杂。所谓"课堂效率"就是一个十分复杂的现实情况。"提高课堂效率"就是要在一定的时间内（如45分钟或40分钟或50分钟）、一定的成本条件下（如教师的教学水平、全班学生的学习基础水平、自己的学习基础和学习态度等等），获得更好的学习效果。要提高课堂效率，就必须分析每一个条件要素。当然，有些条件要素属于不可变动的量值

（如时间，如教师的教学水平，如全班学生的学习基础水平等），有些条件要素属于必须"提高"的量值（学习效果），剩下的可变动的要素只有属于自己的那些变量了。学生的变量包括：学习基础（这个变量比较难以在短时间提高）、学习态度（这个变量相对来讲可以在短时间改变）、学习方法（这个变量一般都能够在短时间发生变化）。所以，提高课堂效率最直接的思路就是改变学生的学习方法。

当然，一堂课有没有效率，一方面，这堂课下来，对全班学生中的多少学生是有效的，包括好的、中间的、困难的，他们有多少效率；另一方面，这堂课效率的高低，有的高一些，有的低一些，但如果没有效率或者只是对少数学生有效率，那么这节课都不能算是比较好的课，有点空泛都不应该是充实的课。如果整个过程中，大家都有事情干，通过你的教学，学生都发生了一些变化，就说明整个课堂是充实的，能量是大的。充实之谓美，充实而有光辉之谓大。对于学生来讲，这是很重要的需求。

第三问，一堂好课有无生成性。目前有一种针对课堂教学的说法很流行，即课堂教学要注重生成性。靖国平教授在《生成性课堂何以可能》一文中强调：生成性教学具有过程性、互动性、非预料性和价值性等特点。关于生成性课堂的价值，靖教授总结了四点。其一，课堂教学关注生命成长，关注学生人格成长。其二，关注学生内心想法的表达。其三，关注课堂教学中丰富的差异性。其四，让学生产生个性化的表达。

我们知道，学生在课堂活动中的状态，包括他们的学习兴趣、积极性、注意力、学习方式和思维方式、合作能力与质量、发表的意见、建议、观点，提出的问题与争论乃至错误的回答等，无论是以言语还是以行为、情绪方式的表达，都是教学过程中的生成性资源。如果这节课不完全是预设的，而是在课堂中有教师和学生的真实的、情感的、智慧的、思维的、能力的投入，有互动的过程，气氛相当活跃。在这个过程中既有资源的生成，又有过程状态生成，这样的课就可称为丰实的课。

第四问，一堂好课是不是常态的课。我们受公开课的影响太深，当有人听课的时候，容易准备过度。教师课前很辛苦、学生很兴奋。到了课堂上，变成了准备好的东西来表演。大量的准备，课堂上没有新的东西生成出

冷静真实 课道之美

来，是准备好的东西的再现。当然，课前的准备有利于学生的学习，但课堂有它独特的价值，这个价值就在于它是公共的空间，这个空间需要有思维的碰撞、相应的讨论，最后在这个过程中师生相互地生成许多新的东西。"新基础教育"反对借班上课，为了让大家淡化公开课的概念，至少不去说"公开课"，只有"研讨课"。不管谁坐在你的教室里，你都要旁若无人。你是为孩子、为学生上课，不是给听课的人听的，要"无他人"，这就是平平常常，实实在在的课。这种课是平时都能上的课，而不是很多人帮你准备，然后才能上的课。

第五问，一堂好课应该是有待完善的课。课不可能十全十美，十全十美的课作假的可能性很大。只要是真实的，就是有缺憾的，有缺憾是真实的一个指标。公开课要是上成没有问题的课，那么这个预设的目标本身就是错误的，这样的预设给教师增加了很多的心理压力，然后做大量的准备，最后的效果是出不了"彩"。生活中的课本来就是有缺憾的、有待完善的，这样的课称为真实的课。扎实、充实、丰实、平实、真实，说起来好像很容易，真正做到却很难。但正是在这样一个追求的过程中，我们教师的专业水平才能得到提高，他们的心胸也变得博大起来。同时他们也才能够真正享受到教学作为一个创造过程的全部欢乐和智慧的体验！

说说高中政治课培养学生公共参与
素养的路径

　　所谓政治，"政"乃治理也，"治"是太平安定也。顾名思义，政治就是如何思考与解决把天下治理得太平安定的学问，可见把学生培养为社会人并具有公共参与能力应是政治学科的应有之义。教育改革发展到今天，高中政治课程以提升学生"政治认同、理性精神、法治意识和公共参与"作为学科素养，培养有理想、有思想、有尊严、有担当的中国公民。

　　这里的公共参与素养是指公民主动有序参与社会公共事务和国家治理，承担公共责任，维护公共利益，践行公共精神的意愿与能力。学生通过高中政治课的学习，能够具有人民当家做主和勇于担当的责任感；了解有序参与公共事务的途径、方式和规则；积累参与民主管理、民主决策、民主监督的实践经验；提高通过对话协商、沟通与合作，表达诉求、解决问题的能力。这符合中国传统文化中经世致用的思想，也符合理论与实践相结合和学以致用解决现实问题的教育思想，更是提升学生综合素质、发展核心素养，具有理想信念、具有自主发展能力和沟通合作能力的高中培养目标之需求。

　　我们通过高中政治课堂教学引导学生运用政治思想与智慧，积极参与到社会生活中去，让学生成为真正意义上的社会人，关注身边的生活，思考社会的发展，承担国家与民族的重任，应是政治课堂教学重要的价值取向。关注学生的公共参与素养的形成，探究通过高中政治课培养学生公共参与素养的策略，是现实生活节奏骤快变迁和社会文明程度提高的迫切需要，是影响未来发展的前瞻性话题。培养学生的公共参与素养，需要教师具有发展性

81

的眼光和广阔的生活与社会视野，能够在纷繁芜杂的现实中，透过林林总总的现象，精心选取、合理规划相关的需要，并特别关注和思考这些现象与问题，引领学生运用政治观念和政治智慧来思考与解决现实社会生活的问题。

高中政治课培养学生公共参与素养要坚持生本教育和生活主题，要有国家意识、国际视野和博大的教育情怀。

生本教育就是以生命为本的教育，是为学生好学而设计的教育。生命的意义……人的价值的自我实现，是一个人事业上的归宿，更是对社会的贡献。生命是活出一种境界，是一种为人处世的境界，更是一种奋斗努力的境界。坚持生本教育和生活主题，重要的是对生命的尊重和理解，但更重要的是具有国家意识和国际视野，我们必须从社会和国家的层面来引导和培养学生的意识。为此，教师就要对本地区的社会发展和国家的发展战略有明晰而全面的了解，要根据学习的相关政治内容，设计话题范围，让学生来思考与交流。比如结合政治与生活的相关内容，教师可设计"如何通过奋斗让本地人民生活得更幸福"这样的调查题目，要求学生能够联系身边的人并到公共场所进行随机调查，写出总结报告，分组来进行讨论并编写成研究报告。也可针对国家提出的宏大的"一带一路"发展倡议，让学生充分全面了解之后，设想如果"一带一路"倡议取得辉煌成果之后，国家还应该具有什么样的发展战略来让中华民族更好地融入世界并造福人类。诸如此类的问题设计，能够让学生积极地参与到社会与国家的发展谋划中去，培养学生的国家意识和国际视野，让他们学会分析现实问题，运用策略解决现实问题，并运用智慧规划发展前景。不要把眼光局限在眼前的一些事件上，当然并不是不关注身边的事，我们的观念、视野和方法、手段要体现我们博大的教育情怀。

教师要善于引导他们积极参与到生活事务和社会事务中去，培养他们全心全意为人民服务的政治意识，培养他们发现真善美、践行真善美、创造真善美的政治情怀，为中华民族的发展和人类的发展出谋划策、贡献政治智慧。可以说，政治观念和政治智慧强大的教师，才可能有正确的政治观念和具积极的政治智慧的学生，也才会真正培养起学生正确的、健康的、富有谋略的公共参与素养，这些都考量着我们每一位政治教师的眼界和境界。

高中政治课培养学生公共参与素养要适应网络环境和自媒体发展，要有多元主体意识、时空交互观念和高度的社会责任感。

培养学生的公共参与素养，教师还要善于借用互联网的发展成果。互联网突破了时间和空间的限制，能够极大地拓展人们的知识视野，丰富人们的感情，拓展人们的智慧。特别是互联网所具有的信息的即时性和无限丰富性，为政治课程的学习提供了富有鲜明时代特色的素材。我们必须学会和善于适应网络环境，善于运用网络环境，能够接受并身体力行促进自媒体发展。

互联网所具有的交互对象的丰富性和交互信息所具有的广泛社会性，都为高中学生公共参与素养的培养提供了非常重要的技术保障。因此，教师要充分利用互联网的这些特点和强大功能，引领学生突破时间和空间的限制，针对社会中的重大社会问题，进行广泛的意见表达，并在积极的交流中拓宽政治观念，深化政治思想，形成政治智慧。例如，教师可引导学生进入当地政府网站的社会思想表达平台，针对涉及本地民生的主要政治措施进行评价，在和政府官员的互联网交互中表达对政策的理解，运用所学的政治思想深入全面地表达对当地政府相关措施价值性的分析，并能够针对当地的社会发展现实提出更加全面细致的措施。当学生的这些关于当地社会发展的政治性理解，被政府互动平台的其他社会人员所关注并给予评价，特别是被当地官员给予反馈之后，无论是被给予积极的评价还是被给予积极的指导，都会让学生参与社会事务的管理素养得到强化并不断提升。

教师还可以引领学生有针对性地进入中央政府网站，查看中央政府相关部门即将颁布的相关方案的社会意见征集稿，特别是关于教育发展的相关方案和关于科技发展类的相关方案。这些都和学生的生活及未来发展密切相关，学生都会有切身的感受和思想诉求。教师可将这些政治话题引入课堂中让学生充分地思考和讨论，形成具有较为全面的、富有政治观念的理解之后，再引导学生对政府相关部门的意见征集稿进行充分的意见表达，肯定其积极价值并提出合理的想法，来促进社会的发展。因为此类的意见征集稿大多会有政府相关部门的反馈，也能够对学生的公共事务参与的素养给予评价和再强化，因此具有重要的价值。

要利用各相关网站的评价区，如新华网、凤凰网、搜狐网、新浪网等。

冷静真实　课道之美

学生也可针对性地选择当代社会中的重大新闻事件，来进行政治意见的表达，并在他人的点赞或批评中来丰富自己对公共社会事务的理解，不断提升自己的公共参与素养。学生高度责任感的形成一定是在参与体验中形成的，而不会在干巴巴的口头教育中形成。

高中政治课培养学生公共参与素养要着重活动设计和动手参与，要致力于体验感悟、实践检验和培养主人翁意识。

培养学生的公共参与素养，教师也要善于设计活动课程，增加学生的社会实践活动，并在社会实践中不断增强政治素养。随着社会开放度与透明度的不断增强，政府的各种社会事务管理也都为普通民众积极参与社会事务管理提供了表达的平台，也为其提供了了解相关事务的机会。例如各地政府的政策（价格）听证会，各地人大代表的下基层意见征集活动，还有各地司法机关的，特别是法庭的旁听制度等诸如此类的活动，都能够为学生参与相关活动以提升其政治思想和强化政治观念并坚定政治信念提供社会实践机会。教师可让学生以学生记者的身份参与到政策听证会中，提出富有价值的理解；也可让学生积极联系当地的人大代表，提出有关教育和当地关系民生政策的具有建设性的措施；也可组织学生参加当地法庭的审判旁听会，事先在和法院沟通之后选取适合学生旁听的案例，让学生在法庭接受教育，提升造福社会的政治观念，远离违法乱纪和违背道德的行为，真正成为有理想有担当有责任心的社会主义事业接班人。

近几年一些学校开展的"模拟联合国"（Model United Nations）活动——学生们扮演各个国家的外交官，以联合国会议的形式，通过阐述观点、政策辩论、投票表决、做出决议等亲身经历熟悉联合国的运作方式，也是很好的参与体验尝试。只是在操作的过程中，有时候比较重视角色扮演和运作方式，而忽视了模拟的内容和话题，表面上看热热闹闹，但事实上内容的老套或笼统却让活动的教育效果打了折扣。

政治教师还可组织学生设计当地社会的发展方案，特别是当地政府较少涉足到的生活与社会领域，让学生分析现状并提出更好的发展策略，并在充分征集社会意见之后，形成较为全面与精细的发展措施，提供给相关政府部门，并征询相关政府部门的反馈，在社会实践中来检验学生公共参与素养的科学性和发展性。

　　总之，提升高中学生在政治学科中的公共参与素养，是引导高中学生将所学的政治知识转化为切实的社会参与能力和社会管理能力的重要途径，也是让学生尽早尽快了解社会、融入社会并成为积极健康社会人的重要途径。高中政治教师应该紧紧围绕为学生全面发展的思想和立德树人的教育宗旨，开阔眼界，提升境界，注重前瞻，精心设计、精准谋划政治学科活动课程，运用高水平的教学智慧来全面提升学生的公共参与素养。

冷静真实　课道之美

当你选定一条路，另一条路的风景便与你无关

——与新入职的中学思想政治教师谈谈专业成长

想送给新入职的中学思想政治教师三句话：

应知天命。我们身为人师，这是上苍抬爱。我们不能"顾左右而言他"，要静心于教育，静心于学校。

应允公理。习近平总书记讲"爱是教育的灵魂，没有爱就没有教育"，这就是教育的公理。我们这些年见分不见人，见利不见爱，实际上是对教育公理的一种亵渎。

应守初心。教育生态的恶化，圈外是功利主义作祟，圈内是常识的自我矮化，出现了大肆宣扬的喜报和中高考榜缺乏公信力的现象，这令我们教育人汗颜！

当然，作为新入职的中学思想政治教师，由于思想政治教育专业的特别要求，我们必须要有坚定的政治立场、明确的政治态度、积极的政治情感、丰富的政治知识等，我觉得这些是基本的要求。

现在比较受学生欢迎的中学思想政治教师有这样几种：有实实在在的本领，又特别爱护学生的；充满青春的活力，有热情，颜值高的；有自己独特人格和气质的。教师对学生不仅仅是传授知识，还时时刻刻在以自身的人格魅力、对工作的态度以及一点一滴的所作所为影响着学生。对学生而言，教师的人格力量的作用是无声的教育，对学生的影响比单纯的说教大得多。

学生往往以自己的视角在观察着社会，观察着教师，不但听教师怎么

说，更在看教师怎么做。因此，身为人师，必须严于律己，用自己的良好行为，给学生树立做人的榜样，永远留给学生一个美好的形象。

先谈谈中学政治教师备课和进行教学设计的总要求。

第一，特别的育德职责。教师都有育德的职责，我个人认为，对于中学政治教师，在开始入职之时，必须要清醒地意识到自己特殊的育德职责。要通过自己开展的教育活动，引领学生认同并践行社会道德价值。我们的备课和教学设计，要时刻关注和解决这个问题，这需要我们用自己的真情和智慧去实现。

陶行知当年说过，人生只为一件大事而来。套用他的这句话，人生只为幸福来。芸芸众生，我们都是为幸福而来的。那么，什么是幸福呢？幸福是人生的积极体验。当然，它是有价值的体验。可以说，幸福没有高低贵贱之分，但有文明和野蛮之别、有境界高低之不同。

既然幸福是个体对于人生意义的认知和定位，那么从这个意义上来讲，我们就要引导孩子们不断地去认知、体验和内化人生的价值，这才是学校政治教学最根本的任务。

我之所以讲这些话，是基于我国社会发展的现状来说的。让学生能够享受幸福、体验幸福、拥有一种积极的人生价值体验，是当前及今后我们政治教学的重大任务。

有研究指出：自1994年开始，中国人的幸福指数就没有明显上升。这与我们现在所处的社会阶段有关。经济学界有一个研究，人均GDP达到3000美元和8000美元是两个重要的节点。3000美元是一个国家进入现代化的一个起点，意味这个国家和民族开始摆脱了贫困，过上小康生活。中国大概于2008年到达了这个小康水平。8000美元是经济学上一个公认的拐点，越过这个拐点之后，幸福和经济收入的提高之间就没有显著的正相关了。有数据显示，我国在2016年已经达到了人均GDP8000美元这个拐点。

因此，当我国总体上进入这个阶段之后，对于我们来讲，要传递给孩子什么样的人生价值追求，就成为我们要思考和解决的重大问题。

如果我们的教育还是为了金钱、为了改变命运而奋斗，那么，这样的国民教育体系对未来国民的核心素养培育来讲，会造成一个重大的陷阱。

为什么教育价值观要转型？从育德与经济社会发展之间的关系来讲，到了人均GDP8000美元之后，国民教育应该有一个重大的转型。此时，育德在未来公民的培养、国民素质的提升方面，应该承担更重大的任务。

我们过去更多地强调人生奋斗的一面，当然，人生永远需要一种奋斗精神，但是就当前我国社会发展阶段和人类社会的发展未来来说，让人有尊严地生活，能够积极地体验人生的价值和意义，获得积极的人生体验更为重要。

第二，特别地关注学生。长期以来，我们的教师都把重心聚焦在教师自己讲得如何好，所以，教师在备课时更关注如何体现自己的水平，而忽视了学生的学，我们将这些叫作"目中无人"。

特别地关注学生，意味着不能仅仅考虑教师教得方便，教得精彩，教得舒畅，而是应把学习和学习者作为焦点，以教导学，以教促学。

所以教师在备课和设计中要始终把握自己备课和设计的目的是让学生更好地学习，是为学生学习而准备，学生才是真正的主人，而不是为自己好教而备，要让每一个学生成为学习的主人。

第三，特别的激情与真实。古人云："山不在高，有仙则灵，水不在深，有龙则灵。"恐怕课堂也是这样，教师上课的激情就是那山中"仙"、水中"龙"。没有了对教育的热爱，任你教师用再先进的现代教学手段，也只是徒具其形，任你教师用再华美的语言，再动听的语调上课，也不会打动学生的心灵，震撼学生的灵魂。真实的遗憾比虚假的完美更加动人，更加具有生命力。年轻教师更要注意这一点。

再说说年轻教师备课基本都要过的"四关"。

备课是将教师已有的素质变为现实的教学能力的过程，是教师内在素质的"外化"，是教师对教材进行钻研和处理的一次重新"编码"的过程。

第一，过好教材关。要把握教材主题、教材线索、教材结构、教材表述、章节观点和教材的逻辑关系。自己养成良好的读书习惯，教书习惯。引导学生养成良好的读书习惯，学会阅读。这是现在中高考的需要，也是学生一生的财富。对教材把握要做到全面、细致、深入和透彻，给学生一杯水，自己要准备一桶水。这样，才能理解编者意图，明确教材内容的内在逻辑体系，按照教材体系设计教学环节。

第二，过好学情关。要了解自己所在的学校层次、班级层次、生源构成、文化背景、思想动向和年龄特点。对此，要做到客观准确、切入恰当和聚焦焦点。这样，我们在激发学生兴趣、设置问题时才会收到一石激起千层浪的效果。要多从学生的"兴趣"方面来设计问题，这样才能贴近学生、贴近生活、贴近实际。

如选准热点：一要正面。思想政治教师运用时事热点时，应把握正确方向，多用正面、积极的事例激励学生。如果教师上课时总是大谈消极现象，对于是非判断、分析能力尚有欠缺的初高中学生便容易产生错觉，不利于思想品德课程德育目标的实现，也不利于学生的健康发展。因此课堂教学中，消极事例应当少用、慎用、有技巧地使用。二要就近。心理学研究表明，每个人都非常喜欢了解与自己周围有关的人和事。因此思想政治教师若想使自己所举事例有亲近感，真实可信，除运用国内外重大事件外，还要积极挖掘贴近学生生活的素材，这有利于使学生倍感亲切，有感染力和说服力。三要注意时效。理论联系实际是思想政治必须坚持的一项基本原则。因此，联系生活实际进行教学是思想政治课生命力的所在。而我们的客观世界是时刻发展变化的，特别是当今社会瞬息万变，学生接触到的是日新月异的变化。所以，思想政治教师在选材时，要力求在时间上接近学生；在情节上贴近生活；让学生感受到生活处处有活例、有新意，并借以增添教材的时代气息，激发学生的听课兴趣，加深学生对知识的感悟、理解。四要有生成性。不少的思想政治课，社会热点的引入自然而真切，不需要教师的准备，学生便将人们关注的热点问题非常自然、贴切地引进教学中。这时就需要教师在课堂教学中时时关注课堂，及时把握学生的思想动态，抓住学生在课堂中即时生成的亮点，加以运用，让学生主动参与，成为课堂的主人。

第三，过好教法关。我们要厘清知识、心中有人、目标导向、丰富灵活和不拘一格。要做到简单、有趣、思考和发散。我们要科学地设计一些多样化的活动，根据学生现有条件，设计一些情境或者活动方案，通过学生的主动参与、积极实践，引导学生在"做中学""用中学"，帮助学生建构起有意义的知识体系。要注重教学设计的预设性与生成性的关系，对于课堂出

冷静真实 课道之美

现的新的教学资源要有教育机智，不能慌，不要急，必要时可以留到课后处理。要让学生对你的这一堂课始终有兴趣，不仅仅靠巧妙的问题设计，还要根据教学的目标任务、教材内容的特点及学生的实际情况，提炼出内容的精髓，用最恰当的教学设计，让学生的眼、耳、口、手、脑都协调起来，使学生能以最少的时间最大限度地掌握教学内容。激发学生获取知识的愉悦情感，从而保持住对这堂课的长久兴趣。在这么多年的教学中，大家已习惯依照参考书在备课本上备课的方法，觉得这才是备课。这确实是常规的做法，但随着科技的发展，这是不适应时代的要求和学生的实际需要的。

第四，跳出事务关。刚毕业的学生，到学校的时候，很多都被安排做了班主任，或者承担一些社会事务，可能有时候真忙不过来。我的建议是，在什么时候都要记住，课比天大、业务为本、童子功夫、统筹兼顾和正能量充足。要做到分清主次、学会协调、全情投入。对于一个年轻教师来讲，这一点必须要注意，让自己成长的生态环境好一些，自身的选择是很关键的。

我们今天所处的时代是一个新的文明时代。人们对此有很多的判断和命名，如信息社会、信息波浪时代、后现代、计算机时代、"互联网+"、"第四次工业革命"、"工业4.0"等等。不管怎样的判断和命名，都有一个共同的认知，现在我们进入了信息社会。

我们知道铁器是农业社会的标志，蒸汽机电气化是工业社会的标志，而计算机是信息社会的标志。有了生产力的发展，出现了人类文明；有了蒸汽机，推动了生产力的发展，有了工业文明；有了计算机和网络，又大大促进了生产力的发展，有了新的文明。而信息社会的生产方式具有全球化、信息化、个性化的特征，全球化生产没有信息化的支持是不行的，包括产品追求私人订制的生产方式，它必定要影响我们的文化，成为一种新的文化精神。

这种新的文化精神是完全开放的，各种交流观点、生活方式形成多元的社会、多元的价值判断，它必然要影响到教育；新的时代的生产方式对应的是新的时代的文化精神，它必然要求教育要改革，教育开放、多元、公平、民主，教育的主体个性必须要创新。

我们正面临着这样一个文化转型期，就是面临的从工业文明向新的一个文明转型的时期。工业文明时代的生产方式是大批量、流水线、标准化，这个生产方式深刻地影响了我们的学校教育，所以我们可以几百个人、上万个人在一个学校，几十个人在一个教室，一个教师来教他们。时代不同了，就不能采用传统的方法去教育学生，尽管模式化不可避免。

我们知道建立以人为本的社会，建立创新型国家是国家的战略；具体到基础教育领域来讲，就是素质教育和教育信息化。

冷静真实　课道之美

让"高效备课"为"高效课堂"插上
隐形的翅膀

"凡事预则立，不预则废"，高效备课是高效课堂的前提和基础。在备课过程中，我们可以在教材与自身的知识结构之间进行巧妙选择，既让学生易于接受，又让自己的人格魅力得到更好的展现，在课堂教学中自然会游刃有余。让"高效备课"为"高效课堂"插上隐形的翅膀，使"高效课堂"飞得更高，具有深远的实践意义。

很多时候，我们从学生的课堂反应、课堂教与学的气氛和考试检测的结果，都能很直接地发现，我们所倡导的课堂教学效果并不理想。所以我们便用更多的试卷来练习，更多的机会来测试和更多的方式来弥补教学的不充分，从而陷入抢时间、拼补习的恶性循环。对此，师生均苦不堪言。追根溯源，我觉得很重要的一个原因，就是我们在备课上的先天不足：

1. 重点难点，未必吃透

现在课本上很多概念，有时确实不太好理解，假如教师都没有很好地把握，学生的理解当然会半生不熟。如果某一些难点知识，讲解几次，学生还是反复出错，我们教师就得好好反省自己的讲解本身有没有问题。

没有自己的透彻理解，就不会有面向学生的清晰剖析。若对一些知识的把握模棱两可，是很要命的，会导致无效教学，低效教学，甚至是顽固的错误循环。严谨而持续地钻研相关专业知识，是我们能够如鱼得水似的组织教学的基本保证。因此，我们真是需要针对教学上的重点、难点、盲点、易混点，老老实实地备课，直到拨开云雾；否则，难见晴天，高效教学则是无法实现的。

如何在备课中吃透教学重点、难点？第一，准确认定。一般来讲，内容抽象、理论深奥、概念易混、观点排斥、迁移困难的知识就可界定为重点、难点。第二，立足学生。教学重难点定位，我们教师不能一厢情愿，而应该从学生的学习困境出发。教学重难点，不是就教师而言，而是就学生而言，因此充分了解学生的疑惑点是确认的关键。第三，调整畏难情绪。教师自身不能回避教学重难点，越是这样的问题，我们越要花心思攻克。学生遭遇重难点知识时，一旦碰了壁，有可能知难而退，这时教师要激励学生迎难而上、化难为易。如何有效调整畏难情绪？教师在备课中，应该思考出行之有效的办法。第四，不可浅尝辄止。重难点知识的透彻把握，需要付出相当的努力，持续钻研。第五，综合利用各方力量。难以把握的知识，教师不必孤军奋战，应该和学生、同科组教师共同商量，还可借助网络与更广泛的同行商讨，或者向教育专家求教。

2. 理论视野，缺乏高度

我们中学教师，并不是要像大学教师一样有多么深厚的底蕴，也不必定有另辟蹊径的研究成果。但是，我们仍旧应该有理论视野上的高度。面对一些问题的思索，我们一些教师的主要理论支柱就是教材，兼之一些教辅材料与网络应用。在此基础上能达到理解和自圆其说，兼以解释一下相关概念，解答一些相关试题，就止步不前了。对知识的理解只是处于较浅的层次，是远远不够的。理论视野上的不断开拓，能让教师自身的知识实现良性的新陈代谢，"学高为师"的脚步会因此而坚实。老子说："吾生也有涯，而知也无涯。"教师，本身应该是一个终身学习的身体力行者。教师的理论功底，是高效课堂的必要前提。深厚的理论修养，不仅可以创造出高效课堂，更能促进教师成为名师，学生成为栋梁。

教师应该如何构建自己的理论高度呢？第一，知识结构要合理。①主体性知识，主要包括所教学科的知识内容、学科架构、发展脉络、学科理念和学科特色等，这是教师教书育人必备的业务素质，是教师从事教学的保证。②一般性文化知识，即本专业以外的人文社会科学、自然科学以及艺术等方面的有关基础知识的积累和基本修养的培养，有意识地进行科学整合，实现知识结构的多元化和整体优化，正所谓"资之深，则取之左右逢其源"。③条件性知识，即教学科学知识，主要是教育学和心理学。苏霍姆林斯基说："不掌握教育学、心理学知识，在教育工作中就会像在黑暗中走路一样。"④实践性知识，主要来自教师的教育教学实践，是教师鲜活经验的积累。丰富的实践性知识对提高教师的教育教学效果、促进教师的专业化发展具有非同寻常的影响。第二，要灵活运用各种知识。在备课中，尤其要善于整合各类知识，促进知识的活学活用。第三，要虚心学习，不耻下问。"善问者能过高山，不善问者迷于平原"，教师只有开阔视野、刷新知识，才能真正做到"学而不厌，诲人不倦"。

3. 集体智慧，欠缺碰撞

多数教师对集体备课是有期待的，但是，集体备课的质量并不符合我们的期待。"众人拾柴火焰高"，集体备课的意义，我们大家都很清楚。但是，我们似乎克服不了顽固的惰性，常常使集体备课流于形式。如果能实现高效集体备课，我们每个人都会获得长足的发展，我们也会从集体中获得更多的归属感与幸福感。

要达成高效集体备课，我们还需要付出以下努力：第一，端正集体备课态度。备课组成员应该以积极、开放、真诚的态度，共享资源，共同探讨，共求进步。第二，了解备课内容，认识集体备课的作用。集体备课的内容就是教学中本来就存在的教学目标与结果，教学对象、内容、方法、过程与评价的不确定性。第三，改革备课形式，强化集体备课的观念。备课形式可以根据本校、本年级、本备课组的实际情况灵活确定；过于呆板，会损伤集体备课的积极性。第四，确立备课制度，形成集体备课的习惯。规范化管理集体备课：固定时间、地点、人员；提前确定各次备课内容；安排人员进行备课记录，整理成文，分发给成员作为备课参考；结合本班实际修改；及时反馈改进。第五，评价备课过程，提高集体备课的实效。集体备课只是形式，目的在于提高教师的专业水平，把"教科研为提高教学质量服务"的工作落到实处。

4. 备课资源，相对匮乏

如果学校图书馆存有的本学科图书资料，本科组储备的学科资料，都不充足，且具有实效性的资料较少，会直接阻碍高效备课的步伐。"巧妇难为无米之炊"，我们要高效备课，离不开充足的备课资源。因此，学校与科组都应该重视学科资料资源的储备，必要的投资，及时地更新，都是必不可少的。

教师自己要善于寻找、充分利用备课资源。我们常常遭遇的困境是，"书到用时方恨少"，如何变匮乏为丰富？第一，全面了解学校、科组以及自身的图书资料资源状况。这就要我们常常翻阅相关书籍，从而对备课资源有个未雨绸缪的准备。第二，部分重要备课资源应该拷贝，并妥善保存。我们教师应该具备良好的资源收集、管理能力，这不仅利于我们高效备课，还对进行教学研究、撰写教学论文提供了可靠的资料依据。多数资料可以复印，少数可以手抄，如果资源价值非常大则可以自行购买。第三，网络备课资源，要建立资源库，精挑细选，分类收藏，适时更新。网络资源搜集便捷、内容丰富，但却要精心选择，时刻注意资料、观点的可靠性。第四，撰写备课资源札记。收集、收藏、整理资源，只是处于资源利用的初级阶段，应该在整理备课资源的整个过程中善于思考和总结。在专门对备课资源进行研究时，更应细致撰写札记，以便提高资源的利用率。

5. 艰苦备课，意识淡薄

备课是一种艰苦而复杂的脑力劳动过程。知识的更新、教育对象的变化、教学要求的提高，使作为一种艺术创造和再创造的备课是没有止境的。一个优秀教学方案的设计和选择，往往难以使人完全满意。任何一堂成功的课，无不凝结着教师备课的心血。假如我们没有在备课的环节上清醒地认识到备课的艰苦性，付出应有的努力，高效备课就会浮于形式，成为空谈。一个教师，若能坚持数年地持续备课，教学上的理论功夫便会日益扎实，教学灵感也会源源不断地喷发出来。

于漪老师认为，每个教师应该备三次课：第一次备课，自己独立深入钻研，不参照任何名家教案或参考书；第二次备课，参照别人的备课，看看哪些是别人想到而自己没有思考到的，想想别人为什么要这样设计，吸纳别人的智慧补充自己的教学设计；第三次备课在上课后，根据课堂的实际情况写出课后反思，调整自己的教学策略。时下，我们要构建高效课堂，无论如何都离不开教师们的亲力亲为和毫不懈怠的长期努力。

6. 备课反思，时有时无

对于写备课反思，首先，一些教师在意念上是模糊脆弱的，其次，行动上，更是有应付差事之嫌，且时有时无。备课反思，是备课的一个重要环节，在备课本上应该占很大分量。如果备课反思成为一种常态化备课行为，贯穿于整个备课环节之中，那么备课反思一定会对备课起到促进作用。著名教育家叶澜说过："一个教师写一辈子教案不一定成为名师，如果一个教师写三年教学反思则可能成为名师。"因此，我们必须改变惰性，借助备课反思优化教学。

如何更好地进行备课反思？第一，从理念上重视备课反思。只有充分认识了备课反思对于备课的积极意义，才能使备课反思成为我们自觉的行为。第二，让备课反思成果升级。如果我们能对备课反思的点滴积累进一步加工整理，提炼升华，从而形成一篇篇教学论文，这将会极大地激发我们撰写备课反思的积极性。第三，备课反思的形式与内容可灵活多样。应该突破条条框框，避免墨守成规，以开放的心态、创新的精神、严谨的治学态度进行备课反思。

我们往往认为，教龄是成为教育工作行家的必要条件，只有在学校工作了很长时间的人才能称作教育工作的行家。这难道不是我们的错误认识吗？苏联教育家阿莫纳什维利却认为："重复同一内容的十年经验与创造性探索的十年经验，这是两种不同质的教龄。"我们不能因为教龄已长，而怠慢备课。备课应该是"苟日新，日日新，又日新"，无论多长教龄的教师，都不可一劳永逸。

苏轼在《晁错论》中写道："古之立大事者，不惟有超世之才，亦必有坚忍不拔之志。"要实现高效备课，必然要持之以恒、锐意创新、精诚合作。我们期待，高效备课成为隐形的翅膀，让我们教师飞得更高、更远。

微时代的"微课"

在国外，微课的雏形可追溯到美国北爱荷华大学LeRoy A.McGrew教授所提出的60秒课程和英国纳皮尔大学T.P.Kee提出的一分钟演讲。今天热议的微课是2008年由美国新墨西哥州圣胡安学院高级教学设计师David Penrose提出的。他提出了微课建设构思，简单归纳为以下五步：罗列课堂教学中心思想和主题内容；写一份15～30秒总结；拍摄1～3分钟微视频简短学习内容；指导学生阅读或探索的课后任务或习题，帮助学习者学习课程内容；将教学视频、课程任务及相关的学习资料等上传到课程管理系统。

微课是一种新型的课程形式，微课的每一分钟甚至每一秒钟都应经过精心设计，内容和形式上必须精练、紧凑，不能拖泥带水，否则，就无法在如此短的时间里完成教学任务。

微时代是要"微"，更要会"微"。作为政治教师，要"微"在学生兴趣处，"微"在知识疑惑处，"微"在知识关键处，"微"在时政热点处，"微"在情感升华处。

苏格拉底说：教育不是灌输，而是点燃。因此，点燃学生学习上的激情，引导学生思维碰撞，比直接传输知识给学生更重要。

目前很少有教师敢于在课堂上让学生去质疑或提出一些有价值的问题。原因是担心被学生的问题牵着走，害怕打乱教学节奏，影响教学时间。思辨成为课堂的点缀，学生思维的创造性特质和潜力在不知不觉中慢慢被扼杀。

新媒体时代是视觉文化时代。视觉文化是以感性为代表，强调直观形象的视觉感知，因此，它们所传达的教学信息通俗易懂，易于被学习者理解、接受和记忆。于是学生对自己身边有体验的事情、有视觉和听觉冲击力的材

冷静真实 课道之美

料或视频易产生好奇心和求知欲。

即使是一名有多年教学经验的政治老师，对一些教学难点问题的把握和讲解也很难做到尽善尽美。微课作为一种新兴的教学资源，成为助推教师解决重难点问题的突破口。微课具备独立性、完整性、示范性、代表性，它指向明确，所有的设计与制作都围绕某个知识点展开，更符合学生的认知需要。

教育学家陶行知指出："脱离了学生生活世界的知识传授所产生的教学效果往往是低效的，甚至是无效的。"在"微时代"的今天，教学中如能选择一些学生感兴趣的重大的社会热点话题以政治学科的视角深度挖掘，引导学生探究问题，调动学生主动参与，将收获意想不到的效果。

关注中国学生发展的核心素养，将现代信息化教育手段的应用与学生发展的核心素养结合起来，作为政治教师要深入了解这个背景。

以前我们都说，学好数理化，走遍天下都不怕，现在应该换成这句话，有了核心素养，走遍天下都不怕。我们到底应该培养怎样的人？他们应该具有哪些核心素养？

学生发展核心素养，主要指学生应具备的，能够适应终身发展和社会发展需要的必备品格和关键能力。研究中国学生发展核心素养，主要有三个背景。

一是全面贯彻党的教育方针，落实立德树人根本任务的迫切需要。党的教育方针从宏观层面规定了教育的培养目标，对于我国的人才培养具有全局性的指导意义。把党的教育方针具体化、细化，转化为学生应该具备的核心素养，更有利于其在具体的教育教学过程中贯彻落实。

二是适应世界教育改革发展趋势，提升我国教育国际竞争力的迫切需要。随着世界多极化、经济全球化、文化多样化、社会信息化深入发展，各国都在思考，21世纪的学生应具备哪些核心素养才能成功适应未来社会这一前瞻性战略问题，核心素养研究浪潮席卷全球。面对日趋激烈的国际竞争，我国要深入实施人才强国战略，提升教育国际竞争力，也必须解决这一关键问题。

三是全面推进素质教育，深化教育领域综合改革的迫切需要。近年来，素质教育取得显著成效，但也存在课程教材的系统性、适宜性不强，高校、中小学课程目标有机衔接不够，部分学科内容交叉重复，学生的社会责任感、创新精神和实践能力较为薄弱等具体问题。要解决这些问题，关键是进一步丰富素质教育的内涵，建立以"学生核心素养"为统领的课程体系和评价标准，树立科学的教育质量观。

在价值定位方面，核心素养是党的教育方针的具体化，是连接宏观教育理念、培养目标与具体教育教学实践的中间环节。党的教育方针通过核心素养这一桥梁，可以转化为教育教学实践可用的、教育工作者易于理解的具体要求，明确学生的必备品格和关键能力，从中观层面深入回答"立什么德、树什么人"的根本问题，引领课程改革和育人模式变革。

冷静真实　课道之美

青春相遇
陪伴高考

奋斗就会有艰辛，艰辛孕育新的发展。只要有一线希望，就要付出百倍努力。高质量的人生，需要的是艰苦卓绝的努力、超乎寻常的付出、背水一战的决心和挑战极限的气度。

直面高三　直面高考

　　高考与高三学子的距离越来越近，是孩子们人生路途上的关键一步。孩子们站在了人生的第一个关口。这个关口在某种程度上决定了孩子们前面的路怎么走、以什么样的姿态行走，将影响孩子们以后人生的几十年。

　　俗话说"条条道路通罗马"，尽管通向成功的道路绝非只有一条，但是，当你已经无法回避地选择了高三，选择了高考，你就已经别无退路，只能向前冲。十多年的求学，总要给自己画一个圆满的结局，给自己、给父母亲人、给老师一个交代！

　　直面高三，直面高考，简单的、直接的要求就是要有紧迫感和危机感，要一门心思扑到学习上，将全部精力、除休息活动时间外的全部时间用到学习上。

　　人生不能没有目标，目标是引领大家前行的动力。尼采的话很有道理："人需要一个目标，人宁可追求虚无，也不能无所追求。"有一句话也说得好："心有多大，舞台就有多大。"一个人只有确立高远目标、树立远大理想，才不会活得浑浑噩噩，才不会迷失自我，才会产生强大的动力，才能有所作为。我们很难想象，一个没有理想，没有志气的人，会有所作为；一个没有强大动力做支撑的人，能谈得上吃苦；一个没有坚韧意志品质的人，能在"人生极处是精神"的拼杀中到达成功的彼岸，体会到苦中之乐的人生真味。因此，孩子们必须要明确自己的高考目标，把它具体化（或重点，或本科，或大专等），并把你理想中的大学写下来，放在显眼位置，时时提醒自己，时时鞭策自己。

　　高考七分靠水平，三分靠心理。有位哲学家说过，过去属于死神，未来属于自己。希望孩子们以对自己一生负责的态度，自觉把握自己的每一天，无悔于自己的每一天。人总是先有成功的信念，才有成功的行动，继之成功的结果。志不强者则智不强。高三离高考就300多天，300多天足以开创一个新世界，一片新天地，足以改变人的一生，无论孩子们在备考中有多大的困难，只要没到高考结束，就都要用十足的干劲，用灿烂的微笑面对每一天，坚信天道酬勤，即使过去的成绩不理想，也一定要坚信自己挑战困难的能力，有战胜困难的信心！因为态度决定一切。要有"我能成功，我必成功"的坚定信心和豪迈情怀。

我们中国有一句格言说明了自信心对人生的影响："思其败则必败，思其殆其必殆，思其难则必难，思不成则难以成。信其能则可能，信其行则可行，信其成则可成，成败自在人心。"

面对高考，每个同学都要克服畏难、自卑、消极的思想观念，都要牢固树立"只要努力，我能成功，我必成功"的坚定信心，都要有"别人行，我更行"的豪迈志气。有了这种信心与志气，才会在高考的决战决胜的关键时段，始终保持旺盛的精力和坚实的前进步伐。

如今的高考不仅是知识和能力的考查，也是对勇气、干劲和意志力的考验。进入高三，免不了许多的考试，免不了许多的挫折与失败。我们要以平和的心态对待考试和失败，考好了，不能沾沾自喜，考坏了，也不能妄自菲薄。不能把目光停留在名次上、分数上，平时的考试，不是高考，我们还有拼搏的机会和余地，高考的成败取决于你通过平时的考试解决了多少问题，更何况平时的成绩并不带入高考。塞翁失马，焉知非福！从某种意义上来说，平时考得差也许是件好事。这样你的问题就能够暴露，就能够解决，总比到高考暴露要幸运得多！

有人说：你不能决定生命的长度，但可以控制它的宽度；你不能左右天气，但你可以改变心情；你不能改变容貌，但你可以展现笑容；你不能控制他人，但你可以掌控自己；你不能预知明天，但你可以利用今天；你不能样样顺利，但你可以事事尽力；你不能回避挫折，但你可以东山再起，从头再来。

"奋斗就会有艰辛，艰辛孕育新的发展。"困难在弱者面前才是一座山，而强者凭借自信和顽强的毅力可以征服世界上任何一座高峰。只有奋斗，一

青春相遇 陪伴高考

个人才能真正强大起来；唯有奋斗才会有出路，才会有光明的发展前途。虽说拼搏未必成功，但放弃注定失败。只要我们奋力拼搏，短短300多天，同样可以演绎无限精彩，让生命如夏花般灿烂。为此，同学们要激励斗志，增强信心，鼓足战胜一切困难的勇气，敢于拼搏和抗争，坚持到底，决不轻言放弃。

"只要有一线希望，就要付出百倍努力。"同学们要适度地自我加压。高考的压力固然很大，但没有压力就没有动力，没有动力就没有干劲，没有干劲就搞不好学习。因此，我们要勇敢地面对压力，变压力为我们前进的动力，把压力踩在脚下变成铺路石，让压力成为我们笑傲高考的筹码。

高考备考的时光转瞬即逝，同学们一开始就要以倒计时的方式来增强紧迫感和危机感。再也没有时间打瞌睡、说闲话，也没有时间看杂书、玩游戏，更没有时间去幻想、去消沉。在这300多天里，要成功塑造出一个全新的自我，一个敢于超越的自我，一个成功的自我，就必须以对自己一生负责、对老师和家长负责的态度，把握好每一天，珍惜好每一分每一秒！

都说成功难，我看这"不成功"才是真的难。

"无限风光在险峰！"高考是同学们人生中一个重要的转折点，是未来抢占社会竞争的制高点，只有战胜它，我们才能欣赏到更加美丽的风景，才能拥有更加绚丽的舞台，才能创造我们更加美好的生活。

如今，高三高考的冲锋号角已经吹响，关键就是付诸行动。让我们一起风雨兼程，乘风破浪，无论我们的过去多么惨淡，无论我们的过去多么辉煌，我们都将在这300多天的起跑线上飞翔。

既然选择了拼搏，我们就要比别人更能吃苦，更加勤奋。别人玩时，我们在学习；别人学习时，我们在认真学习；别人认真学习时，我们在拼命学习；别人拼命学习时，我们在想尽一切方法有效地学习！

让我们肯定自己，超越自己，创造自己，齐心协力，以必胜的信心、坚定的决心、发愤的努力、扎实的作风、坚韧的毅力，共同书写人生的新篇章！

我相信，等你成功的那一天，回首往事，你真的会发现，成功原来是如此简单！

写在高三月考后的话

孩子们：

你们走在高考备考的路上，大家辛苦了！

今天，应该是我在年级大会上最后一次叫你们"孩子们"，因为你们长大了。你们就要举办成人礼了，18岁是成人的分界线，你们应该有承担的能力。

事实上，现在这个阶段，你们走在高考备考的路上，你们需要进步，需要信心，需要肯定和鼓励，但你必须得学会理智和坚强！

当每一次紧张的月考悄然结束时，有人欣欣然笑逐颜开，有人眉头紧锁、闷闷不乐，甚至还有的人黯然神伤、潸然泪下。

但，更多的人清醒了、觉悟了、下决心了、行动了……为下一次的考试定下细细的目标和计划。

有人说，成功是一曲振奋人心的《欢乐颂》。而我却说，暂时的失利也是一首歌，虽然它不及成功曲那么优美动听，但它更能让人刻骨铭心。我们是要看到自己的进步，我们清醒地看到，平时成绩并不会带入高考。不要过分看重暂时的不满意。

试玉要烧三日满，辨才更待七年期。

我坚信，不论现在大家把眉头皱得多么紧，但经过努力，成功的喜悦一定会写在你的、他的，每一个同学的脸上。

当暂时领先时，请不要过分张扬，悠着点，路还远着呢，你能保证每一次都那么幸运吗？你能保证明年大考时就万无一失吗？

当失败来临时，请不要彷徨，这正是考验你的时候。别在树荫下徘徊，别在蒙蒙细雨中沉思，别在黑暗的角落落泪。

向前看，莫回头，只要你敢于面对，抬起头来，就会发现，分数的阴云不过是短暂的雨季。向前看，前方是一片蓝蓝的天，你就不会感到郁闷。

向前看，要记住成功永远是失败的兄弟，连失败都来了，成功还会远吗？

相信自己，曙光在前头！相信自己，一定能摆脱一切困境！相信自己，一定能实现自己心中的每一个愿望！

同学们，你们走在高考备考的路上，必须要学会时常自我调节、自我勉励！

月考已经结束，一次考试并不是句号，更不是人生的全部。

人生道路有风和日丽的日子，也有阴雨连绵的岁月，你不能左右天气，却可以改变心情；你不能改变容貌，却可以展现笑容；你不能改变世界，却可以改变自己。

我们要从暂时的喜悦中走出来，从暂时的沮丧中走出来，胜不骄，败不馁，荣辱不惊，卧薪尝胆，及时调整自己，为下一次考试早做准备。

有这样一句格言："在人生的道路上，想哭就哭，想笑就笑吧，只是别忘了赶路。"

同学们，在高考备考的路上，你得学会战胜困难，战胜自我！漫漫人生路，到处是困难，可能一不小心就会受阻，就会迷失方向，但只要踏踏实实、坚持不懈地走下去，成功也就指日可待！

战胜困难的故事古今中外有很多，我不讲，我只讲你们，其实你们就非常坚强，你们早上6点起床一直到晚上10点多，全天坐在坚硬的板凳上13个小时，是多么辛苦。可是你们没有退缩，每天都能做到不迟到，不早退，你们就非常了不起。当你们累的时候，面对困境，面对艰难，倾尽全力吼上这么两声，你就会惊讶地发现，原来困难也是纸老虎！世界上没有爬不过的沟，没有跳不过的坎，只有不敢爬、不敢跳的人！奋不顾身、义无反顾、勇往直前，我们会把一切艰难险阻踩在脚下，我们会把所有困难击得粉碎！

同学们，你们走在高考备考的路上，得学会主动、热情和沟通，你得使自己变得更加可爱，你得衷心地喜欢自己的老师！老师也是人，老师也同样需要表扬、肯定和鼓励。课堂上，学生在老师平铺直叙时紧紧跟随，疑难困惑时若有所思，精彩绝妙处开心会意。其实师生之间只有互相交流、互相勉励，教学也才能相得益彰啊。

我们说，读幼儿园、小学时是老师抱着走，读初中时是老师牵着走，读高一高二时是老师领着走；高三了，老师拉你一把，送你一程，路，终究还得自己走！即使将来没有路，你也得自己找路走！

同学们，你们走在高考备考的路上！励志人生，自信、主动、热情是你的，机智灵活、顽强拼搏、不屈不挠是你的，鲜花、掌声、喝彩声统统都是你的！

祝好！

你们的"老杨"

青春相遇　陪伴高考

写在高考"百日"的话

今天，应该是一个会被你永远铭记的日子：在距离高考还有整整100天之际，为即将奔赴高考战场的你们呐喊助威。

有人说，100天就是100次的冲锋，100天就是100次的搏击！

孩子们，满怀信心地去迎接你们人生的第一次挑战。

不要害怕竞争，退缩并不能使我们的生活远离竞争，因为竞争本来就是生活中的常态；也不要害怕失败，通向罗马的大道有千万条。

孩子们，若你可以闭上双眼，让你的思绪尽情回到三年前那个火热且小许激动的9月……当年，你们还是一群懵懂少年，背负着父母和老师殷切的期望，迎着同伴端详的目光，怀揣着初生牛犊的理想，从四面八方会集于这个充满生机的美丽校园。你们经历了严格且艰苦的军训，经历了文理分科的纠结和彷徨，更经历了无数次学科测试的喜怒哀乐。但，时光荏苒，在你们尚沉浸于这份五味杂陈之中，好像眨眼之间，中学却已离我们渐行渐远，即将成为我们生命中永恒的记忆了。

我想，如果现在你们身处昏暗的夜光下，背依枯树、思量人生，你们一定会感叹着时光的珍贵、无情和决绝，也一定会对你们的小学和初中无忧无虑的生活充满着留恋，但更多的一定是你们在高中挥之不去的点点滴滴！因为，是它让你们成长为一名自信、阳光，充满独立思想和奋斗精神的青春少年。

所以，同学们，你们要感谢时光的流逝，因为，你们虽失去了光阴，但却收获了成长的喜悦；你们虽失去了童真，但却收获了精神的丰满；你们虽然即将离开培养你们的母校，但你们一定是收获了巨大的成功！

因此，面对已经到来的最后100天，我首先要恭喜你们，恭喜你们即将通过最后百日的冲刺，来进一步证明自己的成长，进一步证明自己拥有超越平庸的才能！

可是，同学们，高考，是你们人生道路上遇到的第一次最具有重要意义的人生挑战，也是一次跨越人生高度的难得机遇。你们的很多校友，都通过高考改变了自己的人生轨迹，甚至改变了整个家族的命运。但这一难得的机遇，也并非你们每位同龄人都能牢牢地抓住和很好地把握的。我们年级，自进入高一开始，虽然有很多同学都取得了与自己能力相当的成绩，但不可否认的是，还有一些同学，因为无法坚守自己内心的信念，选择了主动放弃或被动离开。所以，从这个角度说，大家都是幸运且值得被尊敬的——你们不仅接受了良好的高中教育，还一直坚持到了高考冲刺这一极具挑战性的重要阶段。同时我也坚信，你们同样能以最好的状态坚持到高考那一伟大历史时刻！

高考，是你们人生中最重要的一次机遇，你们也为这一天的到来付出了漫长的等待。但是，我要提醒大家的是，高考不仅仅是实力的比拼，更是意志、毅力和耐力的较量。十年磨一剑，现在，到了你们即将收获的季节，你们必须做好充分的准备，去迎接这一更大、更有价值的挑战，你们所有人也都要为这场可能会改变你们命运的考试而竭尽全力！

同学们，你们中的不少人，当年入学成绩并不是太理想，但经过自己两年多的努力拼搏，终于成为年级中的佼佼者，不仅取得了令自己和师长满意的成绩，而且最重要的是，他们在以后的学习中会更加地自信和顽强。我们也相信，他们的学习态度和刻苦精神，也一定是全体同学学习的榜样。

当然，天地之间一杆秤，世间得失、成败、荣辱、福祸也一定会遵循自然界的守恒定律。因此，那些到目前为止还没有意识到时间的紧迫感和学习的重要性，还没有把全部精力放在学习上的同学，理所应当地要承受失败的后果，退步是让人很痛心的事情！

同学们，学习如逆水行舟，不进则退！我们希望这些因个人主观原因学习不太理想的同学，一定要及时省悟，从今天起、从现在开始，就要重新树立信心，抛却私心杂念，与时间赛跑，尽力挽回失去的光阴，力争在最后的冲刺阶段打造一个崭新的自我！

当然，在期末统考中，有一些同学是因为考场发挥不太理想，或对考试过于看重，从而导致紧张、焦虑，没有取得比较好的成绩。有可能他们到现在还未从考试的阴影中走出来，变得消极、不自信，甚至自暴自弃。作为师长，我想提醒大家，作为一名正处在冲刺阶段的高三学生，我们无论在什么时候都要有一个良好的心态和快乐的心境，要学会，也必须学会调整和控制自己的情绪，不抛弃不放弃，时刻坚守内心的理想、信念和追求，不放弃最后一刻成功的机会，稳扎稳打，以高昂的斗志坚持到高考那一天。

在未来的100天，我们还要经历多次重大的联考和检测，我希望所有同学都要高度认识高考模拟的真正意义。我们不仅要认真对待每次的模考和每周的周考，而且更要善于从应试中发现自己知识的缺陷和不足，积极寻找补救的办法，及时进行各学科知识和方法上的查漏补缺；在二轮复习过程中，要善于抓住学科的主干知识，在自己的头脑中构建高中三年完整的知识体系，努力寻找自己的最佳增分点；我们也要主动与同学和老师沟通交流，以营造一个良好的人际关系，获得积极的情感交流环境，以适当缓解和释放内心的压力。通过各方面的调整和改进，我们要力争在以后的每次模考中，都能让自己的实际水平再上一个新的台阶，为高考做好心理上和知识上的足够储备。

都说一个人能够走多远，要看他与谁同行；一个人能够有多成功，要看谁给他以指引。在最后的紧要关头，我们大家要学会共同进退，坚决远离那些思想消极、意识薄弱、不思进取、无所事事的朋友，杜绝不良习惯，努力营造一个团结奋进的集体。同时，我们亦要充分信任我们老师的能力，按照老师的要求和年级的统一安排，严格做到复习安排有谋划、复习内容讲方法、复习结果讲效率、复习过程讲心态。坚决杜绝自由主义，要在老师的指导下，有条不紊地进行二、三轮的复习备考工作。在对知识进行记忆、整理、消化和熟练的过程中，我们也要注意锻炼和提升自己的意志。因为，这才是我们在高中阶段收获的、最终会让我们受益终身的精神财富！

同学们，还有100天，你们即将以不同的方式，开始自己新的征程。多年以后你也一定会发现，在自己的内心，曾经校园内凉亭下那个干涸的小池塘、一场台风带来累累伤痕的榕树校道、曾经经常走走的人工草坪足球场、曾经去得不多的宽敞的图书馆、曾经爱恨交织的教学楼和无缘相处的综合楼、曾经教室外的那双深邃的眼睛和老师的责罚与提醒、曾经年级组长的严厉和年级行政的"无情"……所有这些点滴的记忆，最终都会幻化为我们内心最柔软的温情。

因此，我真诚地希望，在学校最后的100天里，在紧张的高考复习备考的同时，你们更要主动感受和积极享受高中这最后一段时间的校园生活，要用心呵护学校的一草一木，用心铭记学校的一人一物。我也相信：在最后这段同甘共苦的日子里，你们依然可以培养更深的同学和师生情谊，仍然可以收获许多意外的快乐和感动，并且这段难忘的岁月，将会永远烙进你们的心灵，成为你们内心永远也磨灭不掉的记忆，并最终成为你们日后能够不断前行的动力！

同学们，高质量的人生，需要的是艰苦卓绝的努力、超乎寻常的付出、背水一战的决心和挑战极限的勇气。作为高三年级的年级行政，我也郑重向大家做出承诺：在大家紧张备战的日子里，我将一如从前，和年级老师一起，始终与大家奋战在一起，为了我们共同的目标，竭尽全力！

前两天，看一篇文章，有这样一句话：对未来最大的慷慨是把一切都献给现在。送给同学们！

我想借用著名作家雷抒雁的一句话作为我的结束语：

在人生的道路上，你得忍耐住那短暂的黑暗，如果你有足够的智慧和耐心，那就意味着隧道里灯火通明！

写在高考"一模"后的话

说实话，开展高考"一模"的心理辅导这项活动，对我来说，思想压力更大。讲得好，同学们认为很有价值，收获很大，那当然是件好事，也是我追求和向往的目标。

但或许有些同学认为，上上课，讲讲知识，做做作业，对高考有直接帮助，搞什么心理辅导，那不是高考的范围，能有什么作用呢？耽误了我们学习的时间，甚至坐立不安，情绪急躁，那就不理想了。我想同学们不会出现这种现象。砍柴不怕磨刀工，刀磨得越快，效率就越高。

高考的成功，简单来讲，硬件讲实力，软件拼心态，唯智者胜，唯稳者赢。高考前的第一次模拟考试刚刚结束，如同以往一样，大家的心态不一，有高兴的，有不开心的，有感到意外的，也有心情平静如水的。而所有这些现象的产生，都是源于大家对考试成绩这个结果的关注。实际上，从某种意义上来讲，对于我们的高考，这个成绩的价值有限。

"一模"只不过是高三无数次考试中再也正常不过的一次考试，只不过参加的人数比较多而已。对学校领导和老师分析复习情况提供了一些参考。对于同学们来讲：不管是成绩相对比较好的还是不太如意的，最重要的都是心态积极地找出自己的问题，客观地看待成绩。

模考影响你考得更好的原因可能有很多，比如，某些课程复习准备得不够充分，考题中恰好出现了自己没有复习到的内容；考场上因为紧张或是马虎，读题或审题等出现技术性失误；考试时间安排得不合理，以至于一些分值高的大题没有足够的答题时间等等，同学们要针对自己的问题去寻求答案。不论是怎样的原因导致考试成绩不理想，都要以积极的态度去面对，这样才能让模拟考试发挥最大的作用，而不至于影响到接下来的"二模"和高考。基于以上的认识，我给同学们提一些建议。

一、正确对待"一模"考试成绩，心态积极，保持自信

第一，客观看待成绩。考试成绩只是一个数字，而这个数字背后隐藏着什么有用的信息，才是我们真正需要关注的问题。通过对考试失分内容的分析，我们能发现学习中的弱点。假如失分的主要原因来自学习过程中的某些薄弱环节，那么大家就可以进一步分析，在这些应该补救的知识点中，哪些是能在高考前的这段时间中有所提高的，对于这类学习内容，如何合理地安排复习时间；哪些知识是需要大量时间，却很难收到成效的，此类问题应如何适当地进行取舍。这些问题的分析，我建议大家多在班主任和任课老师的指导下进行。当然，失分的原因中，肯定也有来自心理方面的，比如考前过分地担忧、考场上的紧张焦虑、对考试有好的结果的过度渴求等等，都会导致成绩受到影响，大家可以在高考前这段时间内，做一些放松练习，或是寻求心理专家的帮助。退一步来讲，即使模考失利，其本身也未必不是一件好事。如果我们这样来认识问题，可以让自己避免把注意力放在暂时的失利上，而是以一种积极向上的心态去学习。

第二，心态积极向上。不要因为一次考试的失利而给自己贴上"失败者"的标签。

我们有的同学模考成绩不理想，可能就开始怀疑自己的能力，不正确地认为模考就是高考的实地演习，既然模考都这样，高考也好不到哪儿去，这样一来，高考前的两个月，就干脆得过且过了。事实上，影响考试的因素很多，也很复杂，你很难肯定地说你的每一次考试成绩就代表你的实际水平，你也很难服气你的考试是你所有潜在能力转化为现实能力的体现。你要相信人的生命力是伟大的、非常旺盛的，你要挖掘自己还没有得到最大程度开发的潜在的能力！更何况学习过程中偶然的失利是大多数人都会经历的，所以，真正能够打败一个人的，未必是一两次失利，而是对待失利的消极态度。即使只有两个月的时间，如果大家能够以平和的心态，认真分析模考中反映出的薄弱环节，对症下药，调整复习的策略和方法，使自己的知识结构

和学习方法得到合理的安排，最优的配置。就一定能取得很好的效果，真正创造奇迹的其实就是你自己。

第三，积极归因，保持学习自信。

我们对考试结果的归因不外乎这么两种，一种是归因于外界的、不稳定的因素，比如运气、自己的身体或是考题的难度等；另一种是归因于内部的、稳定的因素，比如自己的基础、能力和水平等。合适的归因可以帮助大家调整心态，应对变化。假如你的成绩有了很大的进步，倾向于内部、稳定的归因可以使你更加自信；假如你的成绩比以往退步了，不妨做一些外部的、不稳定的归因，这样，可以帮助你拥有奋起的勇气和信心。当然，这样的归因方式并不意味着为自己的失利寻找借口，而是为了调整好心态，是为了更加清醒地面对困难，分析问题，让自己在挫折中找回自信。

二、有效降低心理压力，选择乐观向上的心理态度

教育心理研究结果显示，学习过程是一种心理活动，人的心理素质与学习关系极大。有良好心理状况和心理素质，学习就会有动力。据说印度的瑜伽教育有一种瑜伽术，能使学僧处于轻松愉快的心境中，产生出超强的记忆力，从而熟记几十万字的教经。

心理学研究表明，轻松愉快、乐观的情绪，不仅能使人产生出超强的记忆力，而且能开启思路，活跃人的创造思维，充分发挥出心理潜力；反之，焦虑不安、悲观失望、忧郁苦闷、激愤恼怒等，则会降低人的智力水平。因此消除不良情绪，保持良好的心境，是我们进行创造性学习以及学有成效的一个窍门。

从我多年的高考实践经历和所掌握的心理学知识的角度来看，应该说决定考试复习阶段效率的是积极的心态。一个人若想取得考试的成功，基本受到三个因素的影响，第一是你的智力因素，你掌握知识的广度和深度；第二是你的学习动机，即你是否了解学习的重要性，是否努力。一般而言，面对高考这样的决定人生命运的考试，一个人最不缺少的是动机，但动机是一把双刃剑，如果动机过强，太过于想考好，反而易引起考试紧张，事与愿违（我们在座的同学中，有很多都是这样的）。而第一个因素，即能力和智

力，是一个长期积累的过程，也相对不易改变。因此，常被人忽略的第三因素就是更为重要的，这一因素是你短期内能够控制和改变的，这就是乐观精神。

乐观使我们积极投入复习中，乐观令我们的复习有效，乐观使我们战胜身心疲劳，充满热情地投入学习。而复习效率低下的人大都悲观。为什么在偶然的考试失利时，有些人可以很快放下，有些人几个星期甚至到高考都没有恢复，差别就在于人们的解释形态不同。

美国著名心理学家赛利格曼认为，悲观的人对失败的解释与乐观的人有所不同，悲观的解释形态有三个特点：第一，时间维度上，悲观的人把失败解释成永久性的，如果一次考试失败了，他们倾向于在时间上认为，今后所有的考试都会失败，我不是一个学习材料，无论如何都注定考砸。而乐观的人则倾向于认为，这次考试失利是暂时的，下次会考好的。第二，空间维度上，悲观的人把失败解释成普遍的，如果这次的英语考试失败了，他们倾向于认为语文、数学和物理都会考不好，认为自己会在所有考试中都失常，自己根本就不是这块料。而乐观的人则不将失败普遍化，认为英语没考好说明自己在英语方面需要进一步地努力，与数学和物理无关。第三，悲观的人倾向于将失败解释为个人原因，认为只有自己对失败完全负责。别人都能把事情办得很好，都能正常地发挥，只有自己水平不够，能力不够，方法不懂。自己是一个糟糕、倒霉的人，不配做成功的事情。而乐观的人则认为失败虽然有个人原因，但不只是个人的原因，有时一些无法抗拒的力量和运气也影响着成败。这三种解释形态是相对固定的，是长期生活影响的结果，是早期教育的结果。它放大了危险，妨碍一个人的正常决策，会使人陷入严重的忧郁症。

赛利格曼的理论提示我们，只要改变对学习障碍的解释形态，就会使大家有信心去重新面对现实，鼓起学习的勇气。因为，再好的学习方法，都要以乐观向上的学习态度为基础。这不是说说而已的，它必须以实际行动来实现。这才是你对学习的一种认识，它将直接影响到你的学习。有的同学自认为自己这方面很好，其实不然。例如有的同学每天清晨早早地来到学校，但是到学校以后却并不认真学习，有的只是做样子给老师看；有的同学晚上不

青春相遇　陪伴高考

好好休息，白天在课堂上没精打采，甚至干脆睡觉；有的同学三天打鱼两天晒网，做事虎头蛇尾，没有恒心；有的同学认为老师布置的作业不值得作，盲目地、没有选择地、不假思索地处理各式各样鱼龙混杂的参考资料；有的同学上课不听老师讲课，认为老师讲得太简单，不值得听，做自己的事情，甚至是与学习无关的事情；还有的同学对老师提出的问题不思考，下课后拿着各种稀奇古怪的，甚至错误的题目问老师。这些现象在日常学习生活中经常可以看到。态度决定一切，是有一定的道理的！要乐观地、有兴趣地、积极地做好后一阶段的复习。爱学习是不需要理由的，你是一个乐观的人，我相信，你更应相信，你应该是！

三、讲究复习的几点常识性技巧，提高复习效果，事半功倍

第一，这一阶段的复习，一定要做好预习和自学。

系统复习阶段，课前预习和自学，利于更好地消化老师对系统知识的复习，便于及时发现自己的问题和知识漏洞，这是你高考前最后一次补漏的机会。事实上，预习得越充分，听课效果就越好；听课效果越好，就能更好地预习下节内容，从而形成良性循环。当然自学的过程中肯定会遇到困难，但如果中途放弃，等于是什么也没干；相反，应该更加勤奋地翻阅资料，争取自己解决问题。因为只有自己亲自做过、思考过，才会有最深的印象。如果不行，可以请教别人，总之要继续下去。即使没有弄懂，当老师上课讲时，可以带着问题听课，提高了听课效率。这样，对知识的理解才最深，在以后的学习中才不会轻易忘记。

第二，注重课堂听讲。

这是非常关键的，然而许多同学却没有意识到这一点，认为老师讲的都是课本上的简单知识，考试中不会考到。其实这种想法是极其错误和不可取的。老师们是非常有经验的，他们对课本知识的理解是非常透彻的。老师课上所讲的内容，都是经过他们认真备课的，都是学习中的重点和难点。而且老师们都善于将一些难的问题通俗易懂地讲解，前后知识的关系搞得非常清楚，这是大家吸收知识、提高能力的最好时机。如果仅凭自己对课本内容的肤浅理解，考试是不会有好结果的。所以，要是上课开小差，就算课后用几

倍时间去补，也不一定有效果。所以我认为课堂45分钟很关键。当然，这也不是绝对的。对那些学有余力的同学来说，可依据实际情况充分利用课堂时间。学习基础较差的同学就不可如此了，否则就是本末倒置。

第三，正确对待"题海战术"。

所谓"题海战术"，顾名思义，就是指大量地做习题来提高自己的学习成绩。对此，我的理解是，对大多数同学而言，不提倡搞"题海战术"。我认为多做题的目的是使大家熟悉各种题型，训练我们的解题技巧、巩固所学过的知识，但题并不是要越多越好。做题适量会有很好的效果，能够使我们的解题思路更明晰，如果太多太滥，没有总结理解，反而会束缚了我们的思路，使我们的头脑只有题而没有知识和系统。

应该注意老师出的题目，特别是老师经常讲的题目或者是题型，因为这些题目或题型往往是最重要的。做题的基础是对课本知识的熟练掌握。做题时，应与课本联系起来，切忌抛开课本或者以做题代替看课本。

第四，不被同一块石头绊倒。

在学习中，我们一定会遇到各种各样的问题，但随着每一次练习，每一道问题的攻克，都应该有哪怕是一丁点儿的进步。而在学习过程中，错误总是有的，俗话说，"被同一块石头绊倒的人是愚蠢的"，我们应当善于总结，找出自己的薄弱环节，并加以"修补"，不让自己在同一个地方摔倒，因为在高考这个赛场上，我们犯不起同样的错误。平时训练和考试要做好改错和总结归纳的工作。经常对做过的题目进行总结归纳，可以从中得出许多非常有用的结论或者是更好的解题方法。改错则能够加深自己对薄弱知识点的理解和记忆，避免今后再犯同样的错误。

第五，学会与人沟通，"三人行，必有我师"。

要积极利用自己的周边环境，促进学习进步。这就是说，要积极地与同学、老师交流，充分利用图书馆或者网络学习的优势。同学之间应该时常互相切磋，取长补短。

第六，练有指向，好习惯带来好成绩。

好的学习习惯是提高学习效率，保证学习效果，在考试中发挥正常水平的重要保证。好的学习习惯有许多，例如良好的审题习惯，良好的解题习惯，独立钻研、务求甚解的习惯，归纳总结的习惯，查阅工具书和资料的习惯等等。

最后，介绍一些常用的增强自信心的方法。

（1）学会微笑。学生要将微笑作为生活中的一部分，经常微笑可以给自己增添信心、从容和力量。

（2）挺胸抬头走路。人的走路姿势与步伐和内心的信心体验有密切的关系，学生应该养成挺胸抬头，步伐坚强有力，速度稍快的走路习惯。

（3）运用积极自我暗示。学生在复习遇到困难时，不要心虚、急躁，想想其他同学也会遇到同样的困难，这就是积极自我暗示的方法。

（4）不打疲劳战。缺乏睡眠和休息会导致心情烦躁，降低信心。而提高复习效率，在短时间内完成复习任务，有助于增强信心。

（5）不要迷信。

（6）高考期待的目标要适当。

（7）不要攀比。不要在复习过程中过多地与同学谈论高考目标。

（8）在每次做题时，要先做几道容易的题，让每次练习有一个顺利的开端。

（9）多和同学、老师、家长交流。交流的内容应该是自己的心事和分析自己存在的不足。

（10）增强学习实力。

为了迎战高考，我们充分蓄积；为了冲刺6月，我们不遗余力！为了心中的目标我们义无返顾。我们要做驰骋战场的英豪，我们要做追逐理想的骏马。我们要用丰富的知识迎战，让高考折服于我们的脚下。

我们要抚平母亲脸上的皱纹，让父亲的鬓角不再增添白发！

6月正一步步向我们走来，留给我们的时间仅剩几十天，把握好这有限的时间，胜利必将属于我们！

写给艺术生文化课政治高考备考的话

大家知道，艺术生往往要等到高三第二学期的3月份、各个招生学校的专业课"单考"考试结束以后，才能全身心地投入到文化课的复习中；有的艺术考生甚至还要等重新返校一段时间以后，才能全面适应文化课的复习生活。而这时距高考已不足3个月的时间。对于基础本来就相对薄弱的艺术考生来说，在这么短的时间内重新拾起荒废已久的文化课、完成高考复习这样一项如此繁重的任务，实在是不太容易的事情。另外，当艺术考生重新回到学校时，其他学生已经扎扎实实地完成了一轮、二轮的复习。艺术考生很难再跟上其他同学的复习进度，复习效果更无从保证。这就要求我们必须讲究复习的策略和方法，提高复习备考的实效性。下面我就结合备考实际和自己的一些体会，谈谈对艺术生文化课政治高考备考复习的一些思考。

文化课教师角色提前到位，高三前半学期对学生关爱，情感沟通到位，缩短学生文化课的学习适应期。

根据近几年备考实际，高三上学期艺术生的术科学习主要是"走出去"，到大学城等各辅导点进行为期半年的封闭式强化训练。其间，文化课教师与学生的沟通、接触可以说是几乎没有的。所以，文化课教师可以通过常规的每月（甚至后期的每周）一次的探访活动，分批跟踪学生术科的学习状态，自始至终与学生的术科辅导点、学生本人及其家长保持密切联系，角色提前到位，全程关注，密切沟通，及时给予心理、情感上的辅导与鼓励。"磨刀不误砍柴工"，这些工作看似可有可无，实际上很重要，因为高三教师的重新配备，学生适应和信任教师有一个过程，而艺考生真正开始文化课学习的时间非常有限。为学生开始文化课复习时缩短与教师的适应过程，高

119

三年级应安排文化课教师与学生进行紧密地情感沟通，为学生的术科与文化科的冲刺打下良好的、坚实的情感基础。或许基于学生对教师的信赖与感恩，年级教师后期采取的一切强化措施才会得到学生及其家长的认可与积极配合。

认真做好心态调整的工作，解决心理问题可能更能保障文化课学习的效果。

高三艺术生相对于其他文科生而言，最容易出现两种消极心态。一是他们文化课基础薄弱，复习时间短，术科生大量增加导致竞争异常激烈的紧迫形势给了他们巨大的心理压力，也导致了他们不间断地出现学习信心不足、急功近利的浮躁心理。二是从3月份术科成绩陆续公布以来，他们就在或悲或喜、或成功或失败的沉浮中进行文化课的复习，"一切皆有可能"代替了"一切已成定局"。术科生术科成绩决定了他们后期对文化科复习的投入与状态，个别术科考得不好的学生对文化课的复习产生了消极甚至抵触的情绪。如何帮助学生克服消极情绪，加强对术科生的心理疏导与心理干预，激励他们在文化科备考中轻装上阵、奋力备考显得尤为关键。机械地压和训练是没有效果的。针对这种情况，在文化课复习时更应注意个别辅导和一对一沟通，做好心理辅导工作，稳定学生情绪，帮助学生端正心态，培养良好、健康、稳健的心态可能更能保障学生进行文化课的复习和冲刺。

必须将基础的主干知识与提高能力相结合，"三步并作一步"，提高复习的效率。

第一，要依据考试说明规定的知识点和能力要求，按照课本的顺序，抓住基础知识和主干知识点，结合近三年的高考试题和时事热点制定复习学案，并以此为授课或复习的蓝本，最好印发给学生。当然，针对高考的要求与术科生的实际，要突出基础与主干知识，对个别考点可以忽略和放弃。

第二，复习课直接就讲是方便很多，但复习效果会打折扣。我觉得要坚持"学生先复习，老师再精讲，然后学生马上练习，最后老师点评"，这样的话，可能效果更好。"告诉我的我会忘记，给我看的我会记住，让我参与的我会理解。"亚里士多德的这句话对我们的启示很大。

第三，没有必要的识记，是很难过关的。基本概念、基本原理、基本观点和学生易错的知识点是基础，强化对这些知识的记忆很有必要。现在很多复习资料将关键词空出让学生来填写是很好的练习方法。

第四，要将知识复习和高考试题的练习结合起来，最好直接使用有关知识点的高考原题或模拟题，因为这样指向明确，针对性强。

第五，学生基本答题能力的形成依赖于基本的知识体系的建立。艺术生几乎不可能建立多么系统、完整的知识体系，但以核心概念为中心，建构微观知识体系很现实，也可以使其基本拿下一些中型题，或答案的若干要点。

第六，反复再反复是无奈的，但又是必须的选择。易错知识、相关知识、前后知识等等要反复地提醒和练习，既符合记忆规律，又利于提高复习效果。

注重解题的训练和技巧的培养，提高学生的解题能力，适应高考的现实需要。

第一，限时训练，边讲边练，提高复习效率。练习与检测必须与老师课堂知识梳理同步，才能巩固考点，并使其得以落实，学生才能掌握与理解。因此，巩固训练与同步检测就是让学生尽快掌握知识的最好的捷径。对于术科生训练的数量与强度必须控制好分寸，选好训练题——偏向于基础题与高考典题，这是精炼的前提。与其引导学生潜入茫茫题海不知所踪，不如老师自己潜入题海寻好宝物再给予学生，就对术科生而言，"授之以渔"不如"授之以鱼"，因为等他们学会打鱼的方法后自己去打鱼时已经来不及了。面对题海，为提高效率，要严格限时，及时批阅、反馈、纠错和反思小结。也就是即批即改、精讲精练、边讲边练、讲后即练。

第二，针对题型，专项训练，提高解题能力。高考的题型和题量都是已知的，也是学生必须面对的，针对性地练习，一定会事半功倍。大家都有自己的做法和体会，比如12道选择题的每天练习，主观题的隔日一练，不一而论，我只是提出这个做法。

第三，答题技巧，形成定式，提升有限知识的命中率。近几年高考试卷风格的一个明显变化是：不再像以前把压轴大题、灵活性能力题、高难度综合题集中于最后几道大题，而是把难题、灵活题的考点均匀分散，穿插在卷面的各个部分，试卷的前半部分也穿插编排一些小分值但难度较大的烫手小题。若考生答卷一开始被这些烫手小题缠住，一是耗费过多的时间，造成前后答卷时间分配不均衡，大大减少后面大分值试题的思考时间；二是大脑思维在小题解答上卡壳后，过早消耗脑力，产生负担过重的心理焦虑，也不利于在后面答卷中激发出自己最佳的应考水平。所以我们应训练学生的答题技巧，并形成一种定式，提升学生有限知识的命中率。就是在学生答卷做题一开始，就采取正确的答题策略：对自己熟悉的解题思路能一气呵成顺利铺开的小题正确解答，一一解出。对一些难度较大的小分值灵活试题经过一番认真思索后仍找不出解题思路的，就可以跳过去不做，继续解答下面题目。这样就能使学生一开始就用较少的时间、较低的脑力消耗解答大量顺手试题，积累较多的卷面得分，潜意识引导应考心态进入轻松自信的良性循环之中，一点一点"预热"平时复习中烙印在大脑中的考试题感，大脑思维状态逐渐活跃起来，心情趋于放松，解题思路如行云流水般打开。

以上做法，可能大家都有采用，我只是谈谈自己的一些思考和理解，可能有益于我们在艺术生政治高考备考中多一些自觉，多一些理性，少走一些弯路，提高高考复习的效率。

生活浪花
诗意人生

　　一句话、一个姿势、一个眼神都是教育。教育不是注满一桶水，而是点燃一把火，是对头脑和心灵的真正净化。诗意人生，教育在于坚持不懈地跋涉和蓄积。

心中的一叶小舟

天渐渐黑了，黑得很早，也很匆忙，让人来不及思索，也来不及打理一时运动的兴致。

冬季到了，走在回家的小路上，回荡在校园上空的是少男少女们喜欢的歌曲，主持人正在认真地播着点歌人的班级和姓名，想必有人期待很久了。

年轻点真好，尚有热情、期待和情趣。想多了，油然而生的念头，正如心中的一叶小舟，随风漂浮。

回到家，母亲一如既往地嘘寒问暖，好不享受。

闲聊中，得悉母亲想家了，远在千里之遥的大西北，有我的弟弟和妹妹。

老母亲心中的一叶小舟，没有天际，浮在心上。新年就要来了，"独在异乡为异客，每逢佳节倍思亲"，抑或梦魇中的呓语，让我不能自己。

冬日夜长，梦中依稀出现了父亲的身影，不由我泪流满面。父亲没有享过我们兄妹一天的福，便离开了我们，乃我一生的痛楚，从故乡，到南国。

就像在茫茫大海、漆黑夜晚中的一叶小舟，无助、恐惧和痛苦，已然心头。若是雷雨交加，人一定会彻底崩溃的。"夜来有梦登归路，不到桐庐已及明"。

妻子晚饭后独自一人在操场散步，一圈又一圈，给老家的故友打打电话，向兄弟姐妹问个好。一叶小舟，停靠港湾，荡起自然的涟漪，很美好的光景。在这美好中，我要去看管学生了。

妻子时常在怨怪，我实在没有办法，身不由己，言难由衷。

一叶小舟，委实无以把持。人心太小了，日月之行，若出其中；星汉灿烂，若出其里。哪敢奢望，我只不过徒有心中的一叶小舟罢了——

土耳其见闻录

一

爱琴海湾的每一艘小船都插着土耳其的国旗，想必是离希腊太近了，方便大家在海上作业和谐相处吧。

住了两晚的这家酒店风格很独特，酒店的服务还包括建在海边的酒吧，旁边的铜雕应该是当地风情的文化图腾。

驱车三个小时来到闻名遐迩的棉花城，眼前的一切让我不得不承认人类的渺小。我们很难想象，谁能把一座大山钙化成白玉般的圣地。

所有攀登棉花山的人是不让穿鞋的，以示圣洁还是环保，说不清楚，有人实在难受就偷偷地穿一下鞋，也是没有法子的事了，清澈见底的泉水漫过，倒是可以减轻一些不适，正所谓物极必反吧。

艳阳下的白色让人的眼睛近乎失明，照相完全看不到手机的页面，只能随意点快门而已……

二

打开手机地图，发现傍晚落座的对面就是埃及开罗，旁边是叙利亚、黎巴嫩和以色列，战乱是非之地已在身边，瞬间感觉快到前线了。战乱在哪里就打破了哪里的平静和安逸，希望明天的这里、明天的周边、明天的世界安静有序、文明和谐。

安塔利亚的地形险要，古代的炮台貌似体型很大，守城的大炮筒和虎门海战的大炮筒有些像。看来人类本能的防守思维是一致的，就连防守的方式和武器都没有多大区别。

游船船头西方大片的电影形象标识有些特别，完全西方特色的崇拜和敬仰。

三

终于来到了地中海，在酒店办了出海"跳岛"的深度游，每人100土耳其里拉，包括午餐和接送，不算贵。

上午10点出发，晚上6点半返回。沿途有六次"跳岛"，船上就我们一家是中国人，代表了国家，家人不断提醒要注意自己的形象。

同船的外国人全程泳装，包括年龄很大的老太太，都做出随时准备跳的架势，而且很享受小岛、大海的风景，与自然更亲近的感觉。

在船上，我们专找阴凉地方坐，怕晒伤晒黑，人家却找有阳光的地方躺，而且就让阳光曝晒皮肤，不做任何防护，思维方式和健康理念差别是很大的。

岛边的水深一般有2米多，儿子没有惧色。刚开始放不开，一个土耳其大叔热情地教他如何踩水，儿子竟然学会了，"跳岛"让他尽了兴致。

我们没有这个勇气，摆摆POSE，拍拍照片，躺在甲板上看天空，看桅杆就像个电线杆，也是很累了。

四

当地时间上午10点，我们从伊斯坦布尔乘飞机到达伊兹米尔，然后从伊兹米尔自驾近两百公里，参观了饱经3000多年沧桑磨难的以弗所故城。坐在几千年前建造的能容纳5000人的剧场，我不禁感叹希腊–罗马文明的文化底蕴和魅力。当地时间下午5：00，我们抵达爱琴海南部小镇，坐在酒店的阳台上，沐浴爱琴海的习习凉风，享受美轮美奂的落日余晖……诗人们的遐想和寄托再也正常不过了，恋人们的享受和肆意当是情理之中了。

五

我们沿地中海海岸线驱车400多公里，到达安塔利亚市。安塔利亚是土耳其南岸海港城市，安塔利亚省省会。

安塔利亚城在东罗马帝国时期与奥斯曼帝国时期就是东地中海的重要港口。

昔日的罗马大门今天依稀可见，尽管就剩下城门，城墙并不完整，但城门恢宏庄严的气势还在，这是安塔利亚城曾经辉煌的历史见证。

历史上的特洛伊战争之后，来自爱琴海和小亚细亚的希腊人征服了这一地区，波斯人和亚历山大大帝等相继成为该城主人。安塔利亚在罗马人的统治下，迎来了它最辉煌的时期，到后来应该是奥斯曼人最终控制了该地区。

海滨大道上不同图腾崇拜的雕塑，在诠释着这座古城最辉煌时期的众多文明。

海滨大道上卖唱的老艺人熟练的吉他和弦，低回沙哑的男低音特别有韵味，我看这就是这座古城的历史。

悬崖峭壁下的地中海地形优势，应该是这座古城文明传承的一个原因，毕竟易守难攻乃兵家制胜之道也！

夜晚的安塔利亚真是热闹，马路上有轨电车、汽车、自行车，竟然还有马车（比较高大上，有欧洲皇家马车的样子），真是融现代与传统、古典与通俗文化于一体。

生活浪花 诗意人生

127

藏年馍

今年的春节，一直笼罩在疫情的阴霾之中。疫情突如其来，我不得不退了订好的机票。回家的冲动很是压抑，尽管我的心已回了故乡。

人的亲情记忆永远都是无言的牵挂，剪不断，常思念。

陕西人的过年准备，印象中最深刻的就是蒸年馍了。家家户户都在蒸，一锅一锅地蒸，热气腾腾的，好有年的气氛。那种感觉和重视，是父辈们一年的成就和劳作。

现在，作为一名教师，我会从价值观的角度体味家乡习俗。儿时乡土乡音的记忆，早已融入了我的血液中，变成了一种生活态度，吃馍的习惯是改不了了。

小时候，大人们一年到头都在为吃饭奔波。那时候，经济困难，粮食总是不够吃，家家都会攒一些小麦到过年的时候吃，平时是杂粮和小麦掺和着吃。小孩们想吃白面馍馍就盼着过年，印象中过年的馒头真是香啊。

有时候，记忆真是填充思念的一种情感，这种情感在一次次回溯流淌中，日久弥新而情不自已。

记忆中，过年蒸馒头，是一个很复杂的过程。母亲晚上用几个很大的面盆发好面，放在热炕上，占去了一大半炕。母亲和奶奶半夜三更还要起来揉面，我们兄弟只好挤在炕的一角。母亲顾不上这些，她更担心的是面要发好，馍要蒸好，怕浪费了面，还冲了新年的喜气。

儿时的过往无法忘却，儿时的记忆也难以释怀。每一幅场景都意味着长辈们曾经的希望，成为我如今的万千感慨。

过年蒸的年馍比较多，一般要够全家吃半个月。过年期间是不蒸馍的，人们要方方便便地吃，悠闲地享用一年的辛苦劳作，这是老家所有人过年的一种讲究和习俗。

现在想起来，农村的讲究和习俗，都在老人的记忆里。

我是奶奶最喜欢的孙子，过年吃不完的白面馍馍，奶奶就把它分成小疙瘩晒干藏起来，后来，听大人讲，奶奶怕别人看见，一般在晚上晒，实际上是晚上风干的，月亮的光亮方便着隔代的疼爱，这便是我记忆中的藏年馍。早上上学时，奶奶就给我书包里放几个，这些干馍馍要吃好长时间。奶奶舍不得自己吃，也不给其他人吃。每次回老家，和兄弟们聊起这些事，他们已没有了当年的怨言和羡慕，这些话题就成了我们对儿时贫穷和艰难的调侃了。

如今回到老家，每每站在奶奶坟前，面对那棵茂盛的松树，我都会潸然泪下，有着揪心般的感受。魂牵梦绕里，看不到奶奶银丝满头慈祥的面容，听不到奶奶喊我起床，打开柜子取馍馍的声响。每年春节回家，孤单的脚印沉沉地印在凄冷的冰天雪地里，又随着雪花淡漠消失。

奶奶给我藏馍的日子，清晰地烙刻在我的生命中。如今的日子，就成为我不得不感恩的理由。

岁月可以消灭所有的生命，但它却湮灭不了我对奶奶的记忆，尽管这个春节，是一个最长的春节，一个不能出门的春节。

儿时的回忆，这泪流不止的痛楚，流淌在时间和空间的距离中。

我想，无论是风尘仆仆地回故乡，还是在思念中的印象故乡，都是我的价值态度，都是我永远的归宿和记忆。

生活浪花　诗意人生

父爱在心中

您是一位教师，
却不善于表达。

一如您做父亲，
时常在我眼前。

您用默默的劳作代替您对我们的呵护，
就像夏收秋种时异常辛苦要赶节气的农活。

是那泛白的蓝色中山装的单薄瘦弱的身影，
把儿时的记忆刻在了放学后的自留地里。

一辈子教书育人，
一辈子勤俭节约。

一辈子养家糊口，
一辈子紧紧张张。

我们的上学成家和立业，
那辆快散架的飞鸽自行车您一直都没有换。

我们不争气时您总是在给我们鼓劲，
其实最痛的是您的心。

我们离开家时您总是告诉我们好好干，
其实最难的是您的口。

您的爱永远藏在心里，
从来不会说出口。

我做得好的时候，
您只是笑笑希望我更好。

我做地不好的时候，
您狠狠地训我又怕我受伤。

我得意忘形的时候，
您时不时地泼点冷水。

我在您面前很难张狂起来，
您对我的赞许总是很吝惜。

年少轻狂时很怨您的做法，
如今我才读懂您的心。

您的教诲乃师者之理，
我要时时警醒。

您的严厉是父者之道，
我当铭记于心。

您看着我们成长，
逼着我们优秀。

即使打着我们，
自己的心也在流血。

您心甘情愿，
没有自己。

给我们上学送零花钱，
回家的路上却舍不得吃一碗西红柿泡馍。

您承受着生活压力面临着沉重的负担，
却从来不会在我们面前掉眼泪。

最孤独的您漂在何方，
您就让我一直陪着您！

最伟大的您居在何处，
我从不相信这是真的！

您是小时候的依靠和如今的依恋，
我心如刀割的痛楚彻夜难眠泪湿枕巾！

爸爸，想和您多说说

您的音容笑貌，

镌刻在我的心壁上，

这是岁月磨不去的印记。

您的声声教诲，

铭记在我的头脑中，

那是再也挥之不去的过往。

习惯了您在我梦中萦绕，

满面的泪水和无尽的伤感，

哭泣的凄楚和真情的美好。

习惯了您让我孤独前行，

那曾经的不自觉的思念已洒满羊肠小道，

那曾经的不自信的脚步却再也停不下来。

我不断地感悟品德和关爱，

您的血液永远都流淌在我的脉搏里。

我职业的严厉坚强和荣誉，

您的不肯多说的爱离我是那么的遥远。

生活浪花　诗意人生

我知道，您心里有多么爱我，
望着您温柔的眼神和满头的白发。

我知道，您心里有多么爱我，
摸着您温暖的手掌和瘦铄的脸颊。

我知道，您心里有多么爱我，
难忘您沉默的表情和骑车的背影。

我知道，您对我的爱，
是大海般深沉和宽广，无与伦比。

我知道，您对我的爱，
像天空般晴朗和纯净，碧空万里。

我知道，您对我的爱，
如大山般伟岸和厚重，稳如泰山。

我亲爱的孩子，您心疼的孙子，
应是当年的您和我，如今的我和他，无尽的牵挂。

当年，您和我的传承，
我却远赴岭南谋生计。

今天，我和孩子的延续，
他却要漂洋过海去求学。

我有多爱孩子，

您就有多爱我，让我如何不想您。

今天是父亲节，

我想和您多说说，您可曾听到我的呼唤。

生活浪花 诗意人生

师者心境

是儿时的曾经，
是如今的过去。

是纤纤垂柳，飘飘浮浮；
是瑟瑟秋风，零零落落。

是饮不尽的甘甜山泉，
是潺潺溪流边的无忧无虑。

是莽莽林海中的幽静，
是逃避途中安逸的家。

是风景中阅历不尽的贪婪，
是雾霭蒙蒙中无法清晰的我。

是淡淡的一丝，掠过轻盈，
是浓浓的一幅，泼墨写意。

是一抹月光，悠闲和惬意，
是日出喷薄，潦草与忙碌。

是黑的夜，爱如覆水，
是情与意，永不收手。

是荡漾在心田里的湖泊，
是晶莹雨露般闪烁的双眸。

是田园内原先的纯美表象，
是画中人返璞归真的会意。

是快要遗忘了的乐符，
是一颗真的心，一段错的爱。

是烈日下的喧嚣和燥热，
是夜幕中的霓虹和浮华。

是泪光中饱含着的感动和痛楚，
是说不完的故事，唱不完的歌。

是朝朝暮暮的祈盼，
是不离不弃的誓言。

是已风干了的几瓣花絮，轻轻捡起，
是泛了黄色的几页日记，细细吟读。

是念兹在兹的乾坤父母，
是天之空，地之大，生生不息。

是最早的追求，
是如今的追求，是一生的愿望。

生活浪花　诗意人生

仁
者
为
师

是周而复始的元亨利贞，

是宇之宙，世之界，浩浩渺渺。

是最初的一切，

是永远的一切，是不朽的情怀。

138

冬夜雪殇

夜深了，回家的路上，
还能听见那不知名的昆虫叫，
故乡的冬日，难得有这份享受。

那里会下雪，亦足够惬意，很想很想。
多希望雪花飘洒，还落满我的头发和衣裳。
风会吹干眼泪，伤感无以释怀。

茫茫雪地，会印下或深或浅的脚印，
人生最美好的日子，也会留下或悲或喜的痕迹。

在雪花随风飘落的时候，
那段尘封的岁月便渐渐展开，
顷刻旋转于眼前，划过我的脑际，

不放过不惑之年的一颗不堪重负的心。
那些岁月，
宛如酒，香且浓，犹似花，开又谢。

醉过方知酒浓，伤过才知心痛，
不敢卖什么关子，往事一幕又一幕。

仁者为
师

悬挂在空中的月牙，将月色斟满了一杯，
权且饮下这一夜，不再期望故乡情。
人已远，影不在，心难留恋。

些许思念的苦楚，平添了几分缠绵。
心将飘向何方，又将寄往何处？

茫茫沧海，已没有人在远方等我。
芸芸众生，只有我的妻儿和亲人。

"风吹秋千心犹伤，落花几度断人肠。"
记忆依稀如昨，笑容已不在眼前。

美丽的梦境，早已支离破碎。
那不是梦，
一切都是真实，一切依旧美丽。

雪花温柔，太多的遐想。
冰凉的雪花，冰冷的思念。
似水年华，终会散场。

写给我的她

在遥远的北方，春天的阳光并不温暖。
只是那个季节，鸟儿的鸣叫，带给人遐想无垠的向往。

如今生活在南方，冬夜不长，转瞬即逝。
念想比较少，好像一切都来得快。

在这个悠闲的春节，无所事事，很难得，
不自觉地会默默感知生命的深处。

因为，比我小的你，也届不惑之年。
今天，是你的生日！

当年的那些风花雪月，那些不可触碰的东西，皆应释然了。
四十不惑啊，人生几何，去日苦多？

一起的人生。
一起的欢乐与痛苦，相生相随，结伴而行。

体味不够的欢乐，
在不断地满足、收获、成功和喜悦中，缓缓地被岁月释放。

不愿回味的痛苦，

生活浪花 诗意人生

141

在简单、随意、不考量和不珍惜中，被一圈又一圈的一起散步，默默地吞咽。

肆意的时候，
以一种很幼稚的心态，想告慰生灵，欲激发情绪。

在坚强的心态背后，在凡尘俗世的日子里，
会莫名地失望，如今啊，无可奈何花落去。

不再幻想，用美丽的主动去感化生活中的丑陋。
一次又一次重复，迷惘愈发难止，轻轻一笑。

生命的存在本身就是最美丽的。
健康，是一切一切的源泉，还有那么多的明天和幸福！

凡此之外的种种，
何必强求，不再强求，不要强求！

四十年，正如那支玫瑰，花谢花落。
曾经沧海的经验、成熟、积累和阅历，令人羡慕的宝贵财富。

到了不事张扬，不会浮躁的时候了。
平平淡淡，从从容容，走进人生的黄金时期。

流水无情，
珍惜今天的一切！

让那一幕幕生机盎然的旧事，一曲曲语调缠绵的深情，一朵朵栩栩如生的细节，
成为心中最珍贵的永恒的怀念吧！

又想故乡人

我从梦魇中回来

你还在我的泪光中

晨曦中

你的气息

依然清新和睿智

多情我魂牵梦萦

陪你南国今今日日

夜色中

蓦然回首

却是座座空楼阁

一瓣瓣柔情织起花环

佩戴给旧梦中清晰的你

多么想

不离不弃

那弯冰凌凌的月光

多少年的寂寞

缠绕在岁月长廊上的苔藓

多么想

生活浪花　诗意人生

又添欢愉
却听不到熟悉的脚步

没有什么不熟悉
生命驿站上的道道关隘
隔不开
无尽爱恋
近在咫尺且消受

水月相映天成色
片云飘来好装扮
心情愿
涓涓溪流
朝朝暮暮故乡人

感　慨

岁月沧桑，太多本不应该有的追求。

心力疲惫，莫名地孤独寂寞。

恋恋不舍，心底深处那藕断丝连的一切。

太多的感慨，如风如雨。

年迈的母亲生活在我的身边，算是做儿子的孝道，很久以来的心愿。

妻子很是关照母亲，母亲总在说自己命好，或许福分有缘。

我无以言对。

那一晚10点多了，妻子说她很烦，我就开着车，与妻子一起去松山湖。一路无语，只有轻轻的车胎噪声和车载音响中蔡琴的歌声《夜来香》。

或许很晚了，点点路灯中，松湖烟雨，朦朦胧胧，说不明白，也看不清楚。

或许这就是生命的意义，这就是对生活的真正诠释和敬重。

妻子说，我们回吧，心情好多了。

人心，很难尽然。

回家，看到母亲将家里收拾得井井有条，想到回家后总能吃上可口的饭菜，母亲满意地欣赏一家人吃饭。

我不知道是自己孝敬年迈的老母亲，还是她老人家在照顾我们。

每每念及于此，心中的愧疚，溢满心田，徜徉长河，怕是难达彼岸了。

又是一个中午，我低头吃饭，妻子耐心地和母亲聊天。

我习惯地端起饭碗去看电视，妻子嚷着说：一家人在一起吃饭，一个人去看电视，有什么好看的！

生活浪花　诗意人生

母亲笑着说：让他看去吧，一天也难得看一会电儿视。

儿子也在怨：过来过去就是新闻……

我的妻子，

我的妈妈，

我的儿子，

我的家，也许这就是我唯一能真正拥有的一切。

忐忑不安的感觉，让我好累，也好享受。

至于人生的追求，有些收获，有点不足。

名师效应
仰望星空

"头雁"效应，"示范"效应，"共生"效应。携手出发，脚踏实地，反思进取，坚守梦想，仰望星空！

"头雁"效应之团队篇

　　"头雁"引领既要有思想引领、理念引领，又要把先进的教育教学思想、教学理念植根于心中，还要有精神层面上的引领。作为一名市级工作室主持人，我在工作和学习中从不敢懈怠，一直关心每个学员的成长和进步，要求学员做到的，自己首先做到。在平时的工作中，尽管我承担了很多事务，但我始终坚持一点，就是认真学习。因为工作上的困惑、生活中的疑虑和一时可能不愿意接受的现实，都会在读书学习中找到答案或者得到启示。一个人要想带好一个团队，必须具备刻苦钻研、大胆创新、善于合作、不计得失的基本素养，因为敬业精神可以感染一个团队，也可以影响一个学员。

　　三年的工作室主持人经历，我累计开设近三十场专题讲座（包括面向学员、老教师、大学生、新入职的教师、社区居民、宣教干部等），如"在职业幸福中悟道锤炼""让自己的职业有一些幸福感"等有关职业素养的讲座，如"探究考题，吃透教材，侧重课文基础知识的复习""如何备课及撰写教学设计"等专业成长的讲座，又如"关系·对话·人伦""在自主体验中感悟 在活动合作中发展"等教育管理的讲座，这些都是我自以为的一些比较深刻的理解，幸运的是得到了不同听众群体的好评。

　　很高兴我这个工作室团队成员也在各地开展了多场专题讲座，如东莞中学松山湖学校的刘秋燕老师和东莞中学的陈观胜老师围绕教师专业成长的主题做的"遇见更好的自己"与"成长路上的那些课"的专题讲座，用自己的成长故事与经历勉励年轻教师锻炼自己，追求卓越；又如东华高级中学的张冬冬老师与塘厦中学教导处副主任刘铮老师围绕微课做的"漫谈微时代下的微课堂"与"微课在高中政治教学中的运用思考"的专题讲座，通过他们深入浅出地分析与娓娓道来地叙述，工作室成员对微课的制作与运用有了更多的热情、更深的思考与更坚定的行动信念。

名师效应　仰望星空

"示范"效应之教学篇

我深知"学为人师，行为世范"，只有潜心教学，才能具有"示范"效应。我利用名师团队的教育理念、智力、知识资源、技能资源等方面的示范、引领和辐射作用，助力教学。

我通过跨市（深莞惠）、市内等兄弟工作室合作举办同课异构，如2016年6月15日，首届深莞惠政治学科名师工作室"同课异构"课例观摩与研讨活动在深圳市第二实验学校举行。

我工作室的学员陈思良老师与深圳和惠州的两位老师就高考一轮复习课"价格变动的影响"进行授课活动，三位教师同课异构、同场竞技，各显风采，为与会专家、教师们带来了具有共性的课改理念与课程内容，也向现场观摩的教师们展示了不一样的教学思想、学案设计、课堂模式、教学结构、教学方法以及人格魅力等。

陈思良老师运用视频《吐槽秀——房价房价》，极具诙谐幽默地让学生领会到价格变动对需求的影响，从而使学生调动和运用所学知识分析、解决实际问题，特别是进行文字知识图表化转化的能力训练，提升了学生的分析应用能力。

深莞惠三地教学研究专家对三位教师的优质课例从如何贯彻教学理念、如何体现学科特色、如何创新课堂设计、如何教会学生学习等方面展开了精彩点评。我作为东莞市政治名师工作室主持人做了点评：三位教师都能结合时事政治和生活案例，建立起学生知识逻辑与生活逻辑的内在联系，科学、准确地把握教材、驾驭教材，教学设计富有创意。

"一花独放不是春，百花齐放春满园。"三地名师工作室成员同台竞技、相互学习、取长补短、集思广益，研讨活动的举办意义深远。

　　我带领工作室成员与《中学政治教学参考》主编黄建炜教授、华南师范大学刘石成教授和市内名师徐丰合作，因势利导，切磋教育教学思想、经验与方法，提升写作、创作能力，向整个团队教研活动进行辐射。

　　我带领工作室成员与肇庆学院、韩山师范学院合作，开设讲座，培养学生，提升工作室团队的影响力，为工作室的骨干成员搭建舞台。2016年5月，肇庆学院思想政治教育专业的广东省高校"卓越教师人才培养"项目的课题组成员共40名师生与我的名师工作室开展对接交流活动，交流系列活动包括参加工作室在东莞市外国语学校开展的名师进课堂学科教研活动、优秀课例展示与研讨、深入大朗中学政治科组开展学科建设调研、聆听名师工作室指导教师的讲座等。

　　我两次参加广东省大学生教学技能比赛活动并担任评委，还两次在现场进行点评，也展示了我的工作室的研究成果和科研实力，获得了一致好评，高校教师也充分肯定了我的工作室的政治教研水平。

名师效应　仰望星空

"共生"效应之课改篇

自然界中的一株植物单独生长时，显得矮小、单调，而与众多同类植物一起生长时，则根深叶茂，生机盎然，这便是植物界中相互影响、相互促进的"共生"效应现象。

我利用工作室的平台，以课题"高中思想政治课堂教学培养学生公共参与素养的研究"为抓手，全体工作室成员参加，指导教师分项目负责，围绕提高教育教学科研水平，提升工作室成员的综合素养，增强工作室成员从事教研的信心。

工作室以研促教，互通有无，"共生"成长，形成了良好的教研氛围和教研见长的鲜明特色。

我指导工作室团队在高中思想政治课堂教学中，有意识地改变政治课堂教学，积极探索"体验式教学"模式，培养学生自主学习意识，开展小组合作，创设教学情境时围绕核心素养，使教学情境成为内化学生核心素养的有效载体。

我受市教育局指派，两次赴云南昭通市进行对口支教，对当地政治教师进行培训，高质量完成了上级分配的任务；为前来参观学习的乐昌多所学校的领导和骨干教师做了专题报告；赴肇庆学院分别为思想政治教育专业学生和省骨干教师培训开办讲座；赴韩山师范学院为粤东高中政治教师进行专题培训。

我的工作室利用网络平台扩大影响力，工作室团队将收集的资料在网络平台上共享。工作室认真研究每年的高考，应约为《考试报》《东莞日报》撰写高质量的、与高考复习有关的教学设计、背景材料、应考方法和备考指导的文章，扩大学科研究的影响力，服务更多学生受众。我和工作室成员发表文章或省市级及以上获奖论文30多篇。我的微博"广东省东莞市杨永社名师工作室"粉丝近15000人，关注人数5800人。

几年来，我的工作室在高中思想政治课堂教学中，坚持改革课堂教学，坚持探索"体验式教学"模式，培养学生自主学习意识，开展小组合作，创设教学情境时围绕核心素养，使教学情境成为内化学生核心素养的有效载体，工作室团队逐渐形成了自己的发展特色：

1. 坚持理念引领，注重活动实效

坚持引领、合作、共享、互补、提高的工作室理念。通过与深圳、惠州的名师工作室联合，探索适应于新高考政治科一轮复习的课型，围绕课堂教学方式的转变，在团队合作中共享异地磨课的互补和提高，工作室成员对高考一轮复习课课型有了直观的感受和认识，学员的活动普遍实在、接地气。

2. 活动主题鲜明，形式灵活多样

围绕工作室的主题，课堂教学创新、课题研究突破、高考备考探索和专业成长引领，将自己自学和专家的讲座结合起来，团队沟通和自主交流结合起来。采取面对面研修与网络研修相结合，独立或与兄弟工作室联合开展活动，聘请专家做讲座、导师示范、同课异构等活动均主题鲜明。

3. 注重内涵发展，提升综合素养

工作室与高校课题组合作，拓展学员的知识视野，提升学员的理论素养；工作室创设平台，让导师和学员轮流开展讲座，促进学员加强专业理论的学习；工作室举办读书推介会，为每位学员购买学科核心素养书籍，加强前沿理论学习。

怀特海说，教师的专业成长往往有三重境界：第一重浪漫期，浪漫期最大的困惑是贫瘠；第二重精确期，精确期最大的困惑是狭隘；第三重综合期，综合期最大的困惑是封闭。无论身处哪种境界，在名师工作室的平台上我们虔诚地学习、认真地思考并努力地实践，突破"围墙"，向远方延伸！

名师效应，让我们一起携手再出发，脚踏实地、坚守梦想、仰望星空！

成为省名师的一些教学反思

作为一名从教30多年的高中思想政治教师，我从大西北来到相距千里之遥的珠三角，从来没有离开过教学一线，走过了从大学生到思想政治教师、青年教学新秀、市学科带头人、市名师工作室主持人、省名师工作室主持人、省特级教师和正高级教师的成长历程。

30多年了，我心中的愿望和冲动在淹没又复燃的淬炼中，变得越来越清晰了，我深切地感受到了思想政治教学的发展变迁和教师肩负的责任。在我的生活中，思想政治教学就像一束射向天际的强光，紧紧地将我的心揪着。我昼思夜想，若细细地品味，人生的挑战和幸福不过如此，我将用自己的一生来诠释一位思政人的价值和意义。

习近平总书记与思想政治教师座谈的一席话，就像在静谧漆黑的夜幕中，一盏如豆的油灯，柔和而明亮，承载着人们心中的期盼和遐想。我们每一位思政人，都要点亮心中的那盏灯，照亮自己，温暖全身，历劫不灭，更要照亮和温暖每一个经过我们身边的人……

我感觉到，我们思政人的迷茫，在很多时候，所缺乏的不是那些客观和现实所迫，而是缺乏一盏内心中的明灯，一盏真正照亮自己的心灯，能够让人们从茫然中寻找到前进的方向与力量，得到自己的快乐和幸福。

我在长期的思想政治教育教学实践中，感受最深的有以下几点。

一、勤于学习，更新自己；乐于反思，追求更好

学习是进步的阶梯，学习是工作的先决条件。长期的思想政治教学实践告诉我，在组织和实施教学活动中，要深刻把握高中思想政治教学的发展和

教育科研发展的时代脉搏，不断更新思想观念，掌握先进教育理念、教学策略，站在思想政治学科发展的前沿，深入学习和掌握学科发展动态，展望教学的发展，方能引领学生共同发展。我们读书要多读原著，这是奠定自己进步和形成自己的教学特色的基础，也要经常阅读一些学科APP中的文章，这些都是我提升自己专业素养的重要途径。

自己的教学内容是否跟上社会的发展现实、自己的教学方式方法是否符合学生的需求、自己的教学设计是否走进学生的生活？我们在教学方法上要有一定的灵活性、反思性。当然，对教学实践合理性的永无止境的追求，是思想政治教学的使命，因为思政教学担负着特殊的育人责任。一个教师，不仅要知道自己的教学结果，要对结果及原因进行思考，还要追问几个"为什么"，这种"追问"有助于我们增强问题意识，永不停歇地追求教学的更高层次，以便在深入反思中完善教学。

二、教学研究，核心素养；自主体验，问题驱动

时代在变化，教育在发展，作为一线教师，就应与时俱进，在教学科研中不断提升自身素质并获得持续发展，提升核心素养。思想政治课教科研是思想政治课教学的基础，我们不可能研究教育领域的方方面面，但研究思想政治课教学具有得天独厚的条件。

如思想政治教学中使用的教材、教参有时常常呈现一定的滞后性，我们应及时补充和提供时效性较强的事例和材料，运用于课堂教学，以提高教学的实际效果。一直以来，我都非常重视钻研教材，这是早年信息获得手段还比较单一就养成的教学习惯。我乐于接受新知识、新事物，除了养成每天读报、看新闻的好习惯，还总是搜集与教学内容相关的最新资料。近年来，我坚持每次上课前安排学生准备"时政开讲"，然后是我即席的"老杨评说"，学生非常喜欢，我也不敢有任何的懈怠，每节课对我都是考验，坚持学习也成了我的好习惯。

作为一位思政教师，我很享受深入课堂中的乐趣，我时常通过观察、访谈、参与体验和描述，并对课堂教学过程进行研究，对课堂上点点滴滴的内容进行反思总结，也总是有解析不完的问题。这些年来，我围绕课堂教学的

名师效应　仰望星空

155

课题研究，致力于探究"内涵课堂""自主课堂"和"体验课堂"等教学新理念，形成了基于问题驱动的"问题组+学生核心活动"教学模式，积极开展主题式教学、情境式教学等不同课型的教学，形成了"个体自主合作和行为体验是核心素养提升的关键环节"的基本观点。我主持的市立项课题"《政治生活》案例分析教学中时事资源与教材有效整合的研究"，主要探究有生机、有活力、有吸引力、有内涵的课堂，带出的一批批年轻人都认真研究学习课堂教学，受到学生的欢迎和喜爱；我主持的市立项课题"高中思想政治课堂教学培养学生公共参与素养的研究"，探究新课改背景下学生自主体验和基于问题驱动的主题式教学、情境式教学的新理念、新方式。我课题组成员为此开展的教学实验实践（如模拟法庭、模拟联合国等），在培养学生良好的公共参与素养方面取得了丰硕的成果；我作为第一主要成员参与的省级课题"高中思想政治课堂教学探究路径的设计与应用"，2013年7月获第八届广东省普通教育教学成果奖一等奖，该课题的结题汇报课就是由我示范的。我的"个体自主合作和行为体验是核心素养提升的关键环节"的教学观点，以及自己的教学方式，通过讲座、示范课、公开课以及论文专著的途径和方式传播。过去，在教学中，我注重的是展示自己讲课的优势，现在，在教学中，我更关注的是学生学习能力生成的教学设计。

三、信息技术，能力培养；混合式学习，个性化发展

新时代，社会的变革对教育教学提出了有力的挑战和崭新的要求。展望高中思想政治课程教学未来的发展趋势，对于我们今天的高中思想政治课程教学发展有着重要的意义。我们既要关注学科教学的专业发展，更要关注思想政治课程的教育性。我对思想政治课程教学也有一些新的认识。

1. 更加依赖信息技术

我们必须承认，现在的第四次产业革命以云计算和人工智能为标志，几乎影响了所有领域，全社会越来越智能化、自动化、数字化。教育教学领域也不例外，以互联网、云计算、大数据、物联网、人工智能等为代表的信息技术在中学课堂教学中的应用越来越广泛，智能化、自动化和数字化、慕课、混合式学习、翻转课堂等都已经得到了广泛应用。我个人认为，我们思

想政治课程教学的时效性、广泛的社会性和特殊的专业性必将更多地依赖信息技术的发展。

2. 将转向能力培养为主

有人说，我们的许多职业将被人工智能等技术所取代。我们传统上的课堂教学主要是以知识传授和理解为主的，但在今天，在知识记忆和简单理解方面，人工智能在很多方面已经超越了人类，在未来靠知识记忆和简单理解为主的工作将全面被人工智能所取代。我认为思想政治课程教学也必将由知识记忆为主转向能力培养为主，更加注重培养人的批判性思考能力、创造能力、创新精神和创业精神，更加注重培养人机合作的能力。我们教师要勇于做政治教学改革的实践者和引领者，以新课标为指导，在实践中总结经验教训，学会解决课堂教学中遇到的各种问题，不断提高高中思想政治课堂教学的效果，促进教与学的和谐发展，使高中思想政治课堂充满生机和活力，提高学生学习的兴趣，培养学生良好的政治观念和思维，提高学生利用政治解决现实问题的能力，促进学生的发展与进步。

3. 将更加普遍采用混合式学习

我们的教学不再是单一的面对面学习，而是包括面对面式的学习和在线学习两种学习模式有机结合的混合式学习方式。我感觉到混合式学习比单纯的面对面学习和在线学习更有效，在学习计划制订、学习方法设计、学习效果评价和学习记录跟踪等方面有突出的优势，应该是未来教育的重要形态和发展趋势，我们必须提高自己适应这种变革发展的能力。

4. 更加注重学生培养的个性化

我们知道，因材施教是我国传统的优秀教育思想之一，也是非常符合人才成长规律的培养模式，如今，随着技术的进步，特别是互联网、大数据、人工智能和物联网在教育中的应用，为学生的个性化培养提供了技术上和经济上的可能性，不忘初心，因材施教，因势利导，个性化培养人才，正当其时。如通过大数据，我们可以分析课堂教学中学生的学习倾向、学习动机、学习风格和学习爱好等，能够实现个性化地推送学习资源、精准化地辅助学生、自助化完成学习目标等。因此，可以预测，在未来思想政治课程教学中，对学生量体裁衣式的个性化培养将更加得到重视。

　　总之，思想政治学科本身作为一门显性的德育课程，我们教师欲对学生进行德育教育的渗透与潜移默化的影响，需要教师具有专业的教育教学知识，更需要教师以身作则地示范教育教学。这是因为身教不仅仅是无声的教育，也是最民主的思想政治教育工作，它不带任何强制性，完全是用示范作用影响学生，带动学生，具有极大的感染力。因此，我们必须重视自身建设，应在具体的教学活动中融入更多的德育思想，让学生能全方位地接受正确、科学的教育，培养学生的核心素养，追求教师职业理想的更高境界。

后 记

一天，又是一天。

今夜，寒风猎猎。

我一如往常地拖着疲惫的步伐上楼，开门，换鞋，开灯，冲凉——躺在床上，翻开一本杂志看看，好有幸福感。如此的简单和机械，我却对这样的生活感到满足，应了那句歌词"其实，我要的不多"。

为人师，人们总是从崇高的意义上去诠释为很高尚的想法。我总是很一般地去体味，因为我要用一生去做注脚，很少有崇高的感觉。我在思量，那种修炼谁人可及？平时的平淡，平常的简单，其实就是职业的幸福，这份安静，是我求之不得的。

为人师，很难的经典的生活道理都懂得，然而，何以为之？依自己目前的境遇，恐怕这一生都要为人师，也只能为人师了，应该不会有什么变故了。我觉得能把简单的事情做好就很不简单，尤其是我们做老师的，更不能有一点点的懈怠和消极行为，这是因为，教育精致一点也许就会唤醒一个沉睡的灵魂。

不去为之，又能如何？一直以来，凭着激情去为人师，间或好为人师，有时还在享受着为人师的人生。那些坚定的追求和信誓旦旦的表白，陪了我三十多年。如今，还有为人师的冲动和欲望，还去体会为人师的过程和作为，还在享受着为人师的结果与美丽……好满足！

人确实是很奇怪的感情动物。其实，说人是动物有些不尊重人，但却是实实在在的大实话，人就这么简单。抑或物极必反吧，人又很复杂，有时根本琢磨不透。

大自然也是这样，古人说一生二，二生三，三生万物。一直以来，人们说"三"指的是天地人，也有人说"三"指的是变化。我觉得"三"指的是变化，可能更有道理，即使按照先祖伏羲氏八卦说来讲，一是太极，二是两仪（天地），下来应该是四象，何来天地人呢？周文王发展了八卦，乃至六十四卦，将天象之说应用于人生，足见其复杂和多变。这样看来，"三"指的是变化，应该是人世的复杂多变，不是确指数字。如果这样思考，静下心来梳理自己为人师的思绪，我的那些单纯的享受，有些可笑了，没有那么简单。

很享受为人师的人生。有时候面对现实的社会、功利的教育，内心很无助，至于那些虚无缥缈的愿景，让人无法感受为人师的幸福，甚至嘲笑这是不甘心的幼稚念头。

仁而为师，需持而久之。为了我们的学生和孩子！仁爱足智，智慧足以成就一切。仁爱乃人人皆可为的，和身份地位无关。君子"有均无上，亦无下"，所有人在仁者的眼中都是平等的，没有高低贵贱之分。

既为人师，责任重大。要敢于直面那些冰冷的现实，凭着自己善良的笃信和职业幸福的体验，与天地并立，天人合一，成为一个大写的师者。

我要感谢为师之途与我同行的家人，我的爱人孙燕玲女士的支持和陪伴。感谢在书稿文字上给予帮助的原广东省东莞市大朗中学高中语文科组长黄定国同志。

杨永社

2021年12月20日 于广东东莞